Ensayos sobre Racismo y Xenofobia

Carlos Junquera Rubio

CIP a Camerei Naţionale a Cărţii

Junquera, Rubio Carlos.

Ensayos sobre Racismo y Xenofobia/Carlos Rubio Junquera – Generis Publishing, 2020 (Print on demand). – 87 p.

Referinţe bibliogr.: p. 81-87.

ISBN 978-9975-153-45-4.

323.14

J 90

Cover image: www.pixabay.com

Generis Publishing
Online orders: www.generis-publishing.com
Orders by email: info@generis-publishing.com

INDICE

INTRODUCCIÓN

A lo largo de los siglos XIX y XX, la exclusión social de personas, especialmente por el color de la piel, pero sin obviar otras peculiaridades físicas, ha sido una realidad que incluso ha contado con leyes que favorecían ese alejamiento de unos para con los otros. Dos ejemplos han estado durante décadas en los medios de comunicación social: África del Sur y los Estados Unidos y en ambos estados hubo coincidencia legislativa en contra de los negros siendo, desde el punto de vista demográfico, mayoría en el primero y la más notable minoría en el segundo.

Aunque los portugueses fueron los primeros en doblar el cabo de Buena Esperanza en su búsqueda de una ruta hacia la India, el asentamiento europeo en África del Sur se concreta en el siglo XVII, cuando la Compañía Holandesa de las Indias Orientales fundó una pequeña colonia que sirviera de apoyo a sus barcos en la ruta hacia lo que hoy considerados como Extremo Oriente. Este fue el principio, pero en los siglos siguientes la presencia de europeos, holandeses y británicos principalmente, colonizaron el interior de lo que hoy es África del Sur, que disponía de tierras ricas para la agricultura y a poco de estar allí se fue detectando que el subsuelo era muy rico en minerales preciosos y otros que venían muy bien para el desarrollo industrial en Gran Bretaña y los Países Bajos, especialmente oro y diamantes.

Es verdad que holandeses y británicos se enfrentarán en la denominada guerra Anglo-Boer, que será ganada por los segundos desde el punto de vista militar pero serán los primeros quienes más vayan a decidir en la política surafricana; es más, numerosos presidentes descienden de colonos procedentes de los Países Bajos (Pakenham 1979).

En 1910, los blancos se pusieron de acuerdo para fundar la Unión de Sudáfrica, y los de procedencia británica se desligaron del poder de Londres. En esta fecha, los blancos iniciaron su escalada para lograr el control absoluto y a los negros se les privó de todo derecho político.

Ya en el poder y aunque la nación era mayoritariamente negra, la minoría blanca proclamó una serie de acciones para controlar la tierra, llegando a disponer de más del 90% del territorio y dejando a los negros las migajas del festín. En 1913 se promulgó *The Land Act* (Ley de Tierras) y su aplicación dio inicio al apartheid, no de forma oficial aún pero ya se notificaba que la población negra debía ser recluida en reservas, similares a las establecidas en los Estados Unidos para los indios que habían logrado sobrevivir a todas las improntas coloniales. En África del Sur y con posterioridad a 1948, las leyes promulgadas para desarrollar la segregación fueron más de 300, lo que demuestra que los legisladores tenían este problema en constante actividad.

Las autoridades de origen europeo dividieron a la sociedad surafricana en cuatro colectivos generales y raciales: 1) blancos, mayoritariamente de procedencia europea, inglesa u holandesa; 2) bantúes o nativos del territorio; 3) gentes de color o mestizos y 4) asiáticos (inmigrantes del subcontinente indio principalmente). El control racial y social se efectuaba por los agentes del gobierno emitiendo, para todos los mayores de 16 años, unas tarjetas de identificación racial. Llegado el caso, se detectó en más de una ocasión, que los clasificadores habían catalogado, a los miembros de una misma familia, en colectivos diferentes como consecuencia de no saber manejar bien los aspectos raciales.

Como suele ocurrir en la historia cuando acontecen hechos de este estilo, los legisladores debieron valorar, con minuciosidad, amplios capítulos con sus pertinentes prohibiciones. El *apartheid* impedía por ley el matrimonios con gentes que no fueran de su grupo; pero, igualmente, entre esas gentes no podían darse relaciones sexuales, como consecuencia que el mestizaje no debía darse, tal cual ocurría en los Estados Unidos desde las famosas leyes de Jim Crow.

Las leyes injustas del apartheid generaron problemas. Los negros no aceptaron la exigencia blanca de que debían ser portadores de documentos, indicando su procedencia y que les eran exigidos cada vez que tenían la ocurrencia de penetrar en un espacio público, que estaba reservado al uso exclusivo del blanco. Esta legislación comenzó a aparecer después de 1950 y fue conocida como Ley de Áreas Grupales (*Group Areas Act*). Los enfrentamientos violentos entre negros y policías ocurrieron de continuo. Los más notables fueron los conocidos como Sharpeville donde cayeron 70 negros acribillados a balazos y casi doscientos heridos. El hecho derivó de la negativa negra a portar encima la identificación requerida.

Después de esta masacre, los líderes del Congreso Nacional Africano, que representaban los intereses de los sudafricanos negros, optaron por la violencia como estrategia política, pero no llegaron a matar a nadie pero sí llevaron a cabo sabotajes. El líder del ANC, Nelson Mandela, manifestó esta actitud en un discurso pronunciado en 1964 y por ello estuvo encarcelado entonces durante dos años por incitar a una huelga. Posteriormente, superaría los 20 años de encarcelamiento.

La política del apartheid no solamente separaba a los diferentes colectivos sino que también los marginaba. La primera limitación a la que fueron sometidos los bantúes se llevó a cabo con la implantación del nuevo sistema educativo. Un negro no podía tener aspiraciones a ser médico por ejemplo, ya que esa profesión era exclusiva de los blancos; es más, no podían acceder a ningún oficio que requiriera cualificación. En este sentido, estaban destinados a ser agricultores, ganaderos, mineros, etcétera y si alguno no estaba etiquetado así era porque ya era adulto y se había formado con anterioridad a 1939.

A pesar de ser nativos de Sudáfrica y los más arraigados a ese territorio por motivos de ocupación histórica, los negros fueron relegados y obligados a residir y pernoctar en diez países que aparentemente tenían procedencia bantú, pero que se crearon artificialmente. Esto ocurrió después de que se promulgara la Ley de Promoción del Gobierno Autónomo Bantú de 1959 (*The Promotion of Bantu Self-Government Act*). El objetivo de esta norma no era otra que "divide y vencerás". Dividiendo y agrupando a la población negra, los bantúes quedaban imposibilitados para formar una sola unidad política en Sudáfrica y que fueran un peligro para la minoría blanca, que detentaba el control total. Los terrenos propios de los negros fueron expropiadas y vendidas a los blancos a un precio bajo. Se sabe con certeza, a pesar de los ocultismos, que, entre 1961 y 1994, más de tres millones y medio de personas fueron expulsadas de sus hogares por la fuerza y llevadas a los *bantustanes*, donde fueron relegadas a la pobreza y a la desesperanza.

La violencia institucionalizada, por el gobierno sudafricano, contra los negros ocupó muchos titulares internacionales en los medios de comunicación. Esto ocurría prácticamente todos los días y en ocasiones adquiría tintes dramáticos con matanzas sin contemplaciones, como la ocurrida en 1976 cuando ocurrió un levantamiento estudiantil en Soweto. Con motivo de esa revuelta, la policía mató al activista Stephen Biko en su celda de la cárcel en septiembre de 1977. Estos hechos fueron filmados por las productoras de Hollywood en una película de 1987 que lleva el título de "Cry Freedom" (Grita Libertad).

El apartheid concluyó cuando la economía recibió dos impactos significativos en 1986, ya que los Estados Unidos y Gran Bretaña impusieron sanciones al país debido a su práctica del apartheid. En 1989 ganó las elecciones F. W de Klerk, que desmanteló muchas de las leyes injustas. En pocos meses después, Nelson Mandela fue liberado de prisión después de cumplir 27 años de cadena perpetua. Al año siguiente, los dignatarios sudafricanos <u>derogaron las leyes de apartheid restantes</u> y trabajaron para establecer un gobierno multirracial. En ese año, la mayoría negra logro el gobierno por primera vez y en 1994, Mandela se convirtió en el primer presidente negro de Sudáfrica.

La situación de los negros en los Estados Unidos tiene muchas connotaciones similares y otras diferentes. La presencia negra en las Trece Colonias procede de tres oleadas esclavistas en el tiempo: 1) 1670-1698, 2) 1699-1726 y 3) 1727-1775 (Westbury 1985: 228). Los negreros desarrollaron tres rutas distintas para aportar mano de obra esclava a las plantaciones norteamericanas, especialmente a las establecidas en Virginia: 1) directamente desde el golfo de Guinea, 2) haciendo escala previa en las Antillas y 3) desde las otras colonias británicas en las que ya hubiera esclavos (Franklin 1974: capítulo 5).

La situación de los negros en Estados Unidos no cambió con la independencia de las Trece Colonias; al contrario, como se señala más adelante, el mismo Jefferson indicará que no alcanzan a ser humanos, lo que no deja de ser llamativo en un hombre ilustrado y pragmático como él. La esclavitud se abolió pero la discriminación no, a pesar de la Guerra de Secesión o Civil; de suyo, bajo la influencia de Jim Crown, se promulgaron leyes segregacionistas que estuvieron en vigor hasta prácticamente los tiempos de Martir Luther King.

En la India se desarrolló el sistema de castas para alejar a unos colectivos de otros y en América latina no se han promulgado leyes de exclusión social, pero en la práctica el color de la piel señala muchas barreras.

A continuación se proporcionan algunos ejemplos y reflexiones sobre lo que han sido y son el racismo y la xenofobia. No tengo ninguna duda de que han sido y siguen siendo dos lacras sociales que tienen muchas connotaciones de todo tipo y que acabar con ellas va a llevar su tiempo, horas de enseñanza para eliminarlas y mucha educación en los modelos educativos para que algún día aflore una sociedad global tolerante.

Capítulo 1.- EL RACISMO Y LA XENOFOBIA COMO FENÓMENOS HISTÓRICOS

El antropólogo, como el sicólogo o el biólogo, por no citar a otros estudiosos, busca sus datos en los diversos campos en que se mueve el hombre y, en consecuencia, su discurso debe abarcar todo y mucho más; pero, en los coloquios interdisciplinares, se expone a ser criticado o corregido por los especialistas de otros campos en los que intenta establecerse para extraer elementos que le permitan ampliar sus horizontes.

El campo abarcado por el racismo y la xenofobia será explorado aquí parcialmente, debido a que intentaré señalar primordialmente una metodología.

Sabemos que reacciones de juicio, desconfianza, desprecio, beligerancia u odio colocan tanto al racista como al xenófobo frente a una definición del otro que es prójimo, pero que no deja de ser considerado como extraño, pues se le degrada y se le niega.

El mundo en que nos toca vivir mantiene, entre sus constantes vitales, la necesidad de apertura y ésta es "confrontación o encuentro con los 'desconocidos', los 'extraños' y sus mundos -universos insólitos, no familiares, exóticos o arcaicos- lo que la caracteriza muy especialmente con respecto a las épocas anteriores" (Eliade 1969: 11).

El "otro" es etiquetado, agrupado, catalogado, etc., aunque esto se salga de toda evolución temporal. Tanto el racista como el xenófobo generalizan y abusan tanto del presente de indicativo corno del plural, pues para ellos los negros, los chinos, los judíos, los italianos, los españoles, etcétera, son así porque lo han sido siempre y lo seguirán siendo.

1.1.- DESÓRDENES Y DEFINICIONES

Sabemos que reina el más completo desorden en el empleo de los términos con que se designa a los grupos humanos, ya sean grandes o pequeños. Vemos que términos como: banda, categoría, clan, conjunto, etnia, grupo, masa, nación, nacionalidad, partido, pueblo, raza, religión, secta, tribu, etc., se emplean en los discursos más diversos y con un acento tan acusado que siempre tienden a construir y apoyar cuestiones de definición.

Entre todas estas expresiones, la raza es con mucho la más temible por su carga afectiva. Hagamos memoria de la sempiterna confusión entre *raza*, término de biología humana y *lengua*, término ligado a una cultura. Así, en la historia aparece la raza latina, la germánica, la eslava, la judía, etcétera, que son inexistentes por definición.

Es comprensible, y por otra parte tradicional, deplorar semejantes abusos en el lenguaje, e irritarse contra la tenaz persistencia de semejantes errores. En el proceso de reflexión emerge una duda sicoanalítica pues, ¿no hay en el fondo de todo esto un deseo de imprecisión, de evaporación y un placer por emplear términos conscientemente ambiguos, inconscientemente ambivalentes, sobrecargados de afectos tanto sexuales como agresivos, permitiéndose así una fantasmagorización? Por el contrario, un lenguaje más científico pero más estricto en su rigor es empobrecedor e incluso temible en la definición de una identidad, pues es una tentativa de delimitación y, por ello, entraña molestia o angustia.

1.2.- DATOS ANTROPOLÓGICOS

Es necesario hablar ahora convenientemente de las razas humanas y de la cultura (Ruffie 1976). Se admite hoy en antropología social que los seres humanos, que han vivido en los últimos 40 milenios, pertenecen todos a la especie *Homo sapiens*, lo que implica posibilidad de que acontezcan relaciones sexuales fecundas entre hombres y mujeres de cualquier medio geográfico en edad de fecundar[1].

La especie presenta una gran variabilidad de equipamiento genético, consecuencia de numerosas formas fenotípicas y de una adaptabilidad a medios climáticos y ecológicos muy diversos, lo que ha permitido al hombre colonizar casi toda la superficie terrestre, al precio de formar sub-especies, o variedades; es decir, etnias que es lo que tenemos en el paisaje.

Los estudiosos de la genética nos manifiestan actualmente que la raciación era activa en el hombre primitivo, poco dotado aún para modificar su entorno; y todos concuerdan que con la «Revolución neolítica» la situación cambió de inmediato debido a una capacidad técnica de los hombres, más numerosos, agrupados con sustitución progresiva de las selecciones sociales por las naturales. Este es el criterio que expuso Vacher de Lapouge (1896), un *fiel discípulo* del racista J. A. Gobineau (1854).

Las investigaciones sistemáticas de los últimos años ofrecen como resultado una de las más interesantes etapas de la época prehistórica, como es la que nos indica que el hombre pasó a ser recolector de su alimento (*food-collecting stage*), a producirlo (*food-producing stage*), y este paso se ha denominado "revolución neolítica".

El desplazamiento geográfico de los seres humanos se ha dado por millones a lo largo de la historia y las causas son de muy diversa índole: económicas, culturales, políticas, religiosas, etcétera.

El deseo de homogeneizar una nación acudiendo a la expulsión de aquellos individuos no integrados no es asunto exclusivo de los tiempos modernos; piénsese, sin ir más lejos, en las expulsiones de los judíos de los reinos de Castilla y Aragón en 1492 o la de los moriscos de 1609-1611 (Domínguez Ortiz 1972: 485 y 496). El proceso ha penetrado de modo global en las mentes de los últimos tiempos.

Las naciones de Europa han intentado liberarse en este siglo de lo que podemos considerar corno impurezas étnicas ya sea revisando las fronteras, deportando o intercambiando minorías. Estos movimientos se han visto problematizados a causa de las revisiones de fronteras nacionales (basta

---

[1] Algunas esterilizaciones podrían estar en relación con incompatibilidades génicas, lo mismo que ciertos defectos constituyentes como acontece con la *eritroblastosis fenoplacentaria*, enfermedad que aparece en los recién nacidos como consecuencia de la presencia en la madre del grupo sanguíneo Rh (negativo) y en el descendiente positivo.

comparar el mapa de Europa en 1914 y el de 1946) y se agranda aún más cuando nos encontramos con desplazados de guerra, combatientes, refugiados políticos, trabajadores forzosos y otros muchos obligados a marcharse durante y después de la Segunda Guerra Mundial (International Labour Office 1959: 108-131; Antons, 2014: 92-114).

Toda esta serie de desplazamientos geográficos de los seres humanos, a veces de un continente a otro, tiende a deshacer la obra de la raciación. Por este camino, marcharíamos hacia una humanidad unificada, en la que las diferencias de aspecto externo (fenotipo), o de estructura genética (genotipo), no pasarían de ser más que particularidades individuales sin mayor significación para el grupo.

Los especialistas en genética tienden hoy a criticar con dureza a la "antropología clásica" fundamentada sobre el estudio de trazos anatómicos mensurables o de caracteres descriptivos (como el color de la piel, de los cabellos, de los ojos, etcétera), pues el mecanismo preciso de transmisión hereditaria es desconocido aún, y deseaban sustituir en él el estudio de factores estrictamente genéticos.

El razonamiento empleado es inatacable en cuanto al fondo, y a veces desarrollado en polémicas inútiles; pero nos parece muy exagerado por la rapidez con que se evalúan los procesos descritos. Sabemos que las selecciones naturales, aunque débilmente, son activas constantemente y, a este respecto, un médico, será más escéptico que un biólogo especializado en genética en ejemplos concretos, como pueden ser las condiciones de clima y las enfermedades locales que impiden la instalación en masa, por ejemplo, de los suecos en el Zaire, o de los senegaleses en Groenlandia[2]. Una de estas selecciones, la sexual, nos es aún desconocida porque aparece envuelta en un tabú; no obstante, en Europa, parece constituir un factor activo de estabilidad relativa.

El estudio de la demografía diferencial de los individuos considerados "puros", en el sentido de la antropología clásica, así como el de los mestizos, se encuentra aún en pañales y con mucha probabilidad podemos sugerir que producirá sorpresas en el futuro. Conseguir una humanidad homogénea,

---

2 Un europeo puede vivir en las diversas áreas tropicales gracias a su estatus socio-económico privilegiado que le permite estar bajo control médico constantemente. No podría exponerse sin riesgos a llevar la misma vida que un nativo en muchas partes del mundo. Algunos de sus hijos mestizos podrían ya acercarse a los modos de vida locales y los descendientes de estos tendrán mayores probabilidades.

desde el punto de visto de la biología, no es asunto que se pueda encontrar a la vuelta de la esquina ni meta a la que se pueda llegar en un futuro próximo.

Se debe reprochar a algunos especialistas en genética, por otro lado muy activos en la lucha contra el racismo y la xenofobia, su inclinación a la negación pura y simple del problema: a más tazas, más problemas, sin contar con las ignorancias que se deben reducir o los prejuicios conscientes eliminados. Estamos muy lejos de poder aplicar aquí las leyes del liberalismo económico a los hombres pues, aparte de que no debemos nunca ser considerados como mercancías, tropezaríamos, en última instancia con obstáculos imprevistos.

Si hacemos memoria, podemos recordar que el concepto de raza se definía en el plano zoológico como una variedad de la especie *Homo sapiens*, manifestada por y en un conjunto de seres humanos, que se diferencian de otros grupos mediante un complejo de caracteres anatómicos, fisiológicos y síquicos heredados y reconocidos en el transcurso de muchas generaciones pero excluyendo, eso sí, todo carácter adquirido por educación, tradición o influencia del medio (Sautier 1952).

En la actualidad, podemos acudir a definiciones de la raza considerada como "un conjunto de individuos teniendo en común una parte importante de su patrimonio genético" (Bowler 2003: 292). En teoría, si acudimos a los cartogramas de reparto de los caracteres, teniendo en cuenta la geografía europea de las variaciones de la talla, dimensiones y forma de la cabeza, el color de los ojos y de los cabellos, así como los diversos grupos sanguíneos, observamos que no coinciden con las regiones naturales, geológicas, botánicas, climáticas, ni con la densidad de población; menos aún con la actividad económica, la religión o la lengua y, menos aún, con las fronteras políticas[3].

El individuo que se considera racista debe ser reconocido teniendo en consideración los rasgos somáticos que posee y que están ligados a una psicología y a un comportamiento, estereotipados y reflejados, a su vez, en unos personajes por los que siente admiración, temor u odio. A su vez, estos rasgos están mucho más ligados al color de la piel o de los cabellos (rubio, negro, castaño, etc.) que a una determinada particularidad anatómica (nariz aguileña, chata, etcétera); y, en este sentido, los prejuicios de color esconden a los de raza porque son más abstractos. Respecto del xenófobo sabemos que

---

3 En Bélgica tenemos una clara frontera interna entre flamencos y walones respecto a la lengua, color, características físicas, etcétera.

es más ecléctico, pues dispone de un considerable arsenal de rasgos socioculturales con los que describe las diferencias o justifica el rechazo hacia un determinado individuo o hacia un grupo[4].

1.3. ALGUNAS CONSIDERACIONES ESPACIO-TEMPORALES SOBRE EL RACISMO Y LA XENOFOBIA

Una de las cosas que se constatan, a la hora de evaluar las reacciones racistas o xenófobas, es que nos encontramos con una gran dificultad para establecer el dominio real de éstas pulsiones negativas. La tentación, por otra parte muy humana y fácil, de achacar todo sobre Hitler y su doctrina, nos introduce en una operación de minimización, de olvido, de desplazamiento y de proyección.

Conviene que estos acontecimientos históricos nos sirvan para algo más que etiquetar al nacionalsocialismo del III Reich, pues sus dimensiones deben recordarnos la gravedad y la extensión de semejante calamidad en el espacio y en el tiempo.

Si estamos dispuestos a admitir que la xenofobia ha podido ser una realidad en todo tiempo y lugar, entonces debemos estar predispuestos a establecer que el racismo es algo que aparece en los tiempos modernos y a raíz de los descubrimientos geográficos iniciados a finales del siglo XV principalmente.

En el antiguo Egipto, numerosos documentos testifican sentimientos de miedo o desprecio por los *bárbaros* del oeste, del sur, del noreste, que eran, desde el punto de vista somático y cultural, muy distintos de los Egipcios. El arte desarrollado en la ribera del Nilo manifiesta y describe profusamente los sentimientos hacia estos pueblos (Erman 1952: 41-57).

En la India clásica, los primeros escritos *védicos* nos manifiestan la existencia de los nativos *dasa,* que se describen como gentes de piel oscura y carentes de nariz; así mismo relatan las diversas invasiones arias de entonces

---

[4] En este sentido, vemos que Goya plasmó en sus pinturas sus sentimientos hacia la reina María Luisa. Igualmente, el credo del Ku Klus Klan (KKK) en cuanto que excluye a quienes no encajan en tres aspectos: "nativo, blanco y protestante".

(Renou y Fillozat 1949). La historia posterior ha minimizado mal el término *varna* (casta), al aplicarle que primitivamente significaba el color de la piel.

En muchos escritos griegos, romanos e islámicos nos encontramos con considerables narraciones en textos que pueden considerarse como fisiognomónicos, pues nos exponen el arte de preveer las reacciones o conocer el carácter de los individuos o partir de su aspecto o de sus costumbres. Estas narraciones ofrecen el testimonio de una antiquísima curiosidad humana: la cuestión de las correlaciones psicofísicas, pues contienen en abundancia nociones de psicología étnica impregnada de tinte xenófobo.

Entre los griegos, el término *xenos* tiene muchos significados: extranjero, bárbaro, hombre de extraño comportamiento, individuo desconcertante o inquietante; rasgos físicos muy concretos pueden concurrir a diseñar este cuadro. Los griegos y los romanos se consideraban fundamentalmente superiores a los bárbaros del norte, etiquetados como impulsivos y brutales; y también a los pueblos del sur a quienes describían como astutos, entre otras cosas (Dumont 1966).

En la época clásica, los ciudadanos griegos estaban clasificados como altos y fuertes, de piel blanca, rubios con ojos claros, etcétera. La población *meteca* o esclava no entraba en estas consideraciones y, por ello, eran individuos de segunda categoría. Si no encontramos, en Hélade, una organización tan sistemática como la de las castas hindúes, se debe a que la "famosa" democracia, ritualmente admirada por tantas generaciones a lo largo de la historia, no concernía a más allá de la décima parte de la población (Kitto 1968: 172).

En Roma, en el tiempo de la República, los patricios defendieron sus privilegios mientras pudieron y, durante mucho tiempo, los matrimonios interclases estuvieron prohibidos. Encontramos como evidente, en semejantes sociedades, el reflejo de una situación de conquista con acento de segregación social, incluso con matices racistas como nos manifiesta Horacio: "Hic niger est, hunc tu, Romane, caveto"[5].

El cristianismo quiso zanjar la cuestión y los Hechos de los Apóstoles narran la conversión de un oficial etíope (Act. 8, 26) y San Pablo predicará que ya no hay judío ni griego (I Cor. 12, 13). Mahoma proclama la igualdad

---

[5] "Este es negro, pero tu Romano, desconfía" (Horacio, Sat. 1,4).

entre negros y blancos, entre los creyentes y aquéllos que pertenecen a alguna de las religiones que el Corán no condena a la esclavitud.

Naturalmente, sabemos que esto nos lleva a una cuestión muy delicada corno es la actitud de los judíos veterotestamentarios que se defienden de la acusación de xenofobia afirmando que desean resguardarse de la idolatría (Lev. 20, 6) y que las circunstancias guerreras excusan[6].

Ante esto, parece inevitable que un pueblo, sintiéndose escogido por Dios de modo especial, tome la determinación -considerada aquí como superior- de exterminar a los cananeos para conseguir un *hábitat* (Deut. 7, 16- 24) y prohíba, al menos durante un tiempo, todo matrimonio con extranjeros.

El imperio romano, consolidado después de mucha sangre vertida a causa de los etnocidios (liquidación de culturas autóctonas y por ello desaparición de lenguas), y de los genocidios exterminadores (como el de los judíos por ejemplo), evolucionó su táctica y fue engranando a las diversas poblaciones en orden a conseguir unos fines concretos: actividad comercial, tráfico de esclavos, instalación de colonias, guarniciones militares, inmigraciones, etcétera[7].

La Alta Edad Media occidental se caracteriza, a partir del reinado de Carlomagno, por una evolución sociológica encaminada a lograr una fuerte organización local, un asentamiento de la población campesina ligada a la gleba y con cambios económicos reducidos durante mucho tiempo. Esto originó unas bolsas demográficas que luego se consolidaron en beneficio de una mentalidad xenófoba.

La Europa de los siglos XV y XVI, preocupada por descubrir nuevos mundos, estableció una enorme curiosidad por los pueblos desconocidos hasta entonces y, al mismo tiempo, desarrolló una explosión racista: servidumbre de los Amerindios, mercados de esclavos africanos, inversión en pirámides sociales en las sociedades sometidas, etcétera. Y todo esto lo

---

[6] Esta actitud es similar a la de numerosos musulmanes de hoy, que manifiestan no sentir odio hacia los hebreos, sino hacia el sionismo.

[7] La aparición de los germanos en el imperio, primero de modo individual y después por grupo o pueblos enteros, es tema poco estudiado debido a que los historiadores se han preocupado más de las "invasiones bárbaras" por ser más destructoras, pero probablemente menos eficaces en cuanto a la transformación étnica y racial, que las emigraciones pacíficas.

ejecutaron los europeos con una pseudojustificación "fundamentada" en una interpretación de la Biblia.

Los Amerindios no se encontraban entre los pueblos citados en el AntiguoTestamento y los negros merecen la suerte de esclavos por ser descendientes de Cam, el hijo maldito de Noé (Gén. 9. 25).

Posturas de esta índole, consideradas religiosas, virulentas aún en la actualidad de los Estados Unidos, pero que acontecieron durante la guerra de Secesión, conceden argumentos para demostrar una tesis de Marx: la religión considerada como superestructura de la economía -en este caso concreto las necesidades de la cultura del algodón[8].

Los casos que pueden enumerarse constituyen aún hoy una larga lista en la que observamos conflictos racistas, xenófobos o una mezcla de ambos, como son: el enfrentamiento del Ulster irlandés, la política del "Apartheid" en Sudáfrica, la exterminación de los Armenios en Turquía, el lento agonizar de los Kurdos, la fundación del Estado de Israel al precio de una diáspora de Palestinos, las numerosas poblaciones desplazadas en Rusia por Stalin, los diversos etnocidios de grupos nativos en el Amazonas, etcétera. La Revolución Francesa lanzó a los cuatro vientos el principio de las nacionalidades, concediendo así libertades pero, al mismo tiempo, colocó un explosivo que en nuestros días amenaza la estabilidad de casi todos los estados.

La Alemania de Hitler es el caso en que se fija todo el mundo, debido a su acción exterminadora de judíos, gitanos y diversos grupos eslavos; pero no constituye un caso aislado ni confirma la excepción. La condena moral, más o menos hipócrita de comportamiento o conductas raciales o xenófobas, en tanto que anomalía o excepción es algo ilusorio y nocivo para la Humanidad.

Debemos plantearnos con decisión la cuestión, no de una conducta potencial sino permanente de los grupos humanos, en un mundo cuya historia demuestra hasta aquí que la violencia es la regla, y una actitud pacífica y tolerante, la excepción.

---

[8] El territorio sudista fue el escenario de la guerra de Secesión y hubo intentos de experimentar con los humanos empleando procedimientos de sesgo zootécnico; por lo tanto, sin intención de apoyar ni mucho menos, el régimen hitleriano no ha inventado nada. Los datos sobre esos intentos de experimentación pueden verse en L. Litwack (1961: 168-192).

Si abordamos estos problemas en otra dirección, es decir, en aquellas circunstancias en que se constata una débil reacción racista, o una xenofobia superficial y no peligrosa, nos encontramos entonces ante una considerable serie de interrogantes cuya respuesta exige también diversa valoración.

Y así tenemos los siguientes: ¿modificaciones lentas en demografía?, ¿reducción de las generaciones jóvenes?, ¿cifrar el número de extranjeros entre un 10 y un 15%?, ¿exaltar el espíritu religioso o político en el sentido de una valoración de la fraternidad como hicieron el cristianismo y el islamismo en sus comienzos, o las revoluciones francesas y bolchevique después?, ¿federar a las diversas etnias en el seno de un estado común? Estas y otras muchas son cuestiones que siguen planteando un reto para sociólogos, sicólogos, etnólogos y antropólogos y de su recta valoración depende el que se puedan limar o agrandar.

1.4.- ELEMENTOS BIOLÓGICOS Y SICOLÓGICOS

Los Primates -al menos nuestros primos los monos, los Hilobátidos y los Póngidos- viven en familia o en grupos restringidos. Nuestros ancestros vivieron probablemente así y el Hombre del paleolítico, cazador-recolector en extensas áreas geográficas, permaneció integrado como miembro en pequeñas tribus (Leakey 1981).

Hace ahora unos 11 000 años aconteció la *Revolución neolítica* y el cambio experimentado por la Humanidad fue notable, pues los hombres pasaron de nómadas (cazadores y recolectores) a sedentarios (agricultores, selectores y urbanos) y con ello surgieron las comunidades aglomeradas: pueblo, ciudad y Estado.

Nuestra biología y nuestro siquismo inconsciente no parecen estar aún verdaderamente adaptados a esta novedad, a pesar de los considerables efectos de las intensas selecciones sociales.

La psicología de grupos pequeños, que se manifiesta después de medio siglo fecunda, tanto en el plano de la búsqueda como en el de la terapéutica, enseña que una comunidad humana no funciona a ritmo completo más que cuando establece unos límites: entre 3 y 15 miembros. Si el grupo está compuesto por menos de 6 personas entonces los cambios tienden a seguir los modos que se constatan en la vida de una familia; pero, si el grupo es superior a 15 miembros, acontece una fragmentación en subgrupos con extensión pero dilución de intercambios; no obstante, al ser más abstracto logrará más efectividad (Hare 1962).

Si lo que se pretende percibir en un grupo es lo concreto, sabemos que, a medida que las comunidades son más numerosas o sus actividades más amplias, lo único que lograremos es una evaporación constante porque los caminos abiertos a la observación son numerosos.

Considerando las cosas, en un momento temporal, pueden ser más netas, pues se pueden polarizar en un *individuo* concreto, por ejemplo: con ocasión de una amenaza real o fantasmagórica, en prevención de enemigos exteriores, de desviaciones, de subversivos, etcétera. Y, en esta situación, es como puede establecerse lo que podemos considerar como política-ficción, pues se genera un peligro extraterrestre para conseguir una solidaridad entre los diversos pueblos de la tierra[9].

A partir de D. Morris (1978), la organización jerárquica de los primates superiores se concreta en el Homo sapiens. Conviene que tengamos en consideración que, después de siglos, en países con organización capitalista y poderosa burguesía, el valor insigne de la democracia sigue siendo útil para alcanzar su realización y perfeccionamiento en el encuentro con la organización jerárquica prevalente. Hasta el presente, parecemos incapaces de hacer funcionar de otro modo políticamente a los grupos considerados como importantes desde el punto de vista numérico.

Habida cuenta de que el mundo contemporáneo se encuentra regido por dos sistemas político-sociales antagónicos, cabe el preguntarse: ¿está reservado el futuro de la Humanidad a una organización capitalista-burguesa o a otra comunista-proletaria? Previamente, y antes de hacer especulaciones, es necesario que nos preguntemos hasta qué punto hemos logrado salir, incluso en los países considerados como desarrollados, del feudalismo, teniendo en consideración que no sólo Francia, sino muchas otras naciones, han conocido "noches del 4 de agosto"[10].

---

9 Los reinos hispanos de los siglos XV y XVI vivieron con zozobra debido a la posible invasión turca que nunca se produjo. Igualmente, en la primera etapa del franquismo, el peligro bolchevique impregnaba el ambiente español. El peligro exterior en ambas épocas solo había cambiado de nombre.

10 El 4 de agosto de 1789 se inicia la Revolución Francesa.

Se puede demostrar con poco esfuerzo que el poder real del Antiguo Régimen, al socaire de etiquetas novedosas, permanece oligárquico tanto en el oeste como en el este. Los estudios de Girard (1971) muestran que la capacidad social es algo que se degüella fácilmente y que aquellos que ascienden socialmente están favorecidos, en conjunto, desde que inician sus estudios hasta conseguir un puesto de responsabilidad dentro de su grupo; es decir, en la actualidad, en los Estados Unidos, los negros siguen experimentando que no tienen nada que hacer frente al blanco. A pesar de todo, creemos que el sentido de jerarquía propuesto por D. Morris tiene futuro.

Morris sostiene que el primate, en general, es altruista y cooperador; pero esto no contradice la tesis de Freud (1968), para quien la sociedad se constituye mediante la inversión de una cierta cantidad de líbido, extraída del acoplamiento sexual y del grupo familiar.

Se puede también considerar al Hombre como un animal débil, infantil, desconfiado y agresivo, en búsqueda constante de una consolidación narcisista. Aquí encuentran .campo abonado las teorías pesimistas de Baudrillard (1973), para quien la sociedad se estructura en una constante tensión libidinosa, donde se manifiestan nuestros deseos de dominar y ser dominados, con más búsqueda de prestigio que de satisfacciones objetivas.

Tenemos, pues, dos *prójimos*: uno a quien amamos y con el que nos sentimos satisfechos de poder colaborar y otro que deseamos abatir despúes de proyectar sobre él una parte de nuestro sado-masoquismo, y en este contexto es como deben entenderse expresiones como "chivo expiatorio" o "cabeza de turco".

1.5. LUCHA CONTRA EL RACISMO: UNA OCASIÓN PERDÍDA

Se ha tenido la idea, y se tiene aún en amplios sectores, de que el racismo doctrinal, preconizado por diversos estudios sistemáticos, debe fecharse en el siglo XIX.

El desarrollo de la historia moderna y los estudios de ésta nos permiten encontrar precursores en Francia y España, por no citar más que estos dos casos en la época del Renacimiento. Las monarquías autoritarias lograron asentar su poder disminuyendo el de la nobleza feudal en lo político, teniendo en cuenta que el proceso degradante no estuvo exento de las tensiones propias de cada caso.

En Francia, durante el reinado de Francisco I, el jurista Hotman defendió las prerrogativas de los nobles, considerados como los *auténticos franceses* por ser descendientes de los conquistadores germánicos. En el siglo XVIII, el conde de Boulainvilliers volverá a establecer el problema con idénticos planteamientos (Fontette 1975).

El reino de Castilla *heredado* por Isabel la Católica conoce los enfrentamientos monarquía-nobleza y esta última perderá también su participación en lo político, al igual que en Francia, pero mantendrá su caudal económico y sus deseos de revancha (Domínguez Ortiz 1972: 37-53).

Tenemos una considerable cantidad de literatura que intenta tratar el tema y, con ello, se nos confirma la existencia de racistas declarados, entre los que puede citarse a Arthur de Gobineau (1854), Houston Stewart Chamberlain (1913) y a Georges Vacher de Lapouge (1896).

Los dos primeros pueden ser considerados como racistas de salón debido a su erudición y a su interpretación "filosófica" de la historia. Vacher de Lapouge es más original e interesante, pues emplea una metodología científica de alcances innegables (Girard 1971: 64-72), portadora de datos estadísticos de valor pero añade otros discordantes con su posición teórica evaporando así la explicación.

Vacher de Lapouge es partidario incondicional de la herencia sicológica, noción, por otra parte, de la que se siente poco responsable por haberla recibido de los siquiatras de su tiempo, encabezados por Lombroso.

Vacher de Lapouge coopera para establecer una tesis racista en extremo, pues atribuye al Homo Europaeus (robusto, cabeza alargada, cabellos rubios, etcétera) un rol predominante en la historia de las civilizaciones, antiguas o actuales: Sumer, Egipto, Israel, Irán, India, China, Grecia, Roma - ¡y por qué no en México o Perú! , por tomar una idea de Gobineau (Mahien 1971). Entre los descendientes del *Homo Europaeus* destaca tres tipos: nórdico, alpino y mediterráneo y establece como ley que a mayor número de individuos arios, mayor progreso.

Para estos autores citados, la raza dotada especialmente se encuentra amenazada en sí misma pues adaptada a la zona templada, y húmeda del noroeste de Europa se diferenció al terminar la glaciación cuaternaria; pero, en las zonas liberadas por el retroceso de los hielos, no se encontró feliz como en regiones más calientes, y de aquí la elevada mortandad, consecuencia de enfermedades.

Además, como esta raza ocupa la cúspide de la jerarquía social, sufre considerables pérdidas en tiempo de guerra y mantiene una baja natalidad durante la paz. Y así sufre una lenta erosión demográfica, a no ser que se vea reforzada por una nueva inmigración venida del norte.

Vacher de Lapouge -que no ocultaba su rechazo por los alemanes e ingleses- asumió la célebre predicción de A. de Tocqueville sobre la preeminencia futura de Rusia y Estados Unidos, con el argumento de que estos dos países, disponiendo de un gran espacio y de enormes riquezas actuales o potenciales, y como consecuencia de una demografía en auge, poseían el mayor número de individuos de pura raza nórdica o de mestizos próximos, lo que aseguraba automáticamente su superioridad económica, militar, científica, etcétera (Hankins 1935). Como darwinista ortodoxo y atento a los estudios de Galton, fundador del Eugenismo (Sutter 1950), se declaró partidario de establecer medidas de selecciones humanas sistemáticas, describiendo con detalles sus métodos.

El darwinismo social impregnó también la vida política y la teoría de la selección natural de las especies se aplicó al desarrollo y sirvió para que los políticos catalogaran a las naciones en dos apartados: vivas y moribundas. Esto se ve en el famoso discurso pronunciado por Lord Salisbury el 4 de mayo de 1898 en el Albert Hall de Londres cuando dice: "...las naciones vivas (entiéndase anglosajonas) se irán apropiando gradualmente de los territorios de las moribundas y surgirán rápidamente las semillas ... no vamos a permitir que Inglaterra quede en situación desventajosa"[11].

Entre 1896 y 1909, aconteció una querella considerable y la antropología rechazó las tesis de quienes habían osado nominarse como *antroposociólogos*, a quienes etiquetó como herejes. El triunfo asestó un duro golpe al racismo nórdico -irrisorio por otra parte-, al tiempo que introducía en la sombra lo que estaba en el fondo de las cuestiones más interesantes de Vacher de Lapouge y que en resumen podemos manifestar así:

---

[11] The Times, 5 mayo 1898; Kennedy (1953).

A) *Disociación por desplazamiento*: los emigrantes, en Europa, son individuos robustos, de cabeza relativamente alargada, que luego parten para América, Australia, África del sur o a las ciudades en pleno desarrollo debido a la industrialización.

B) *La antropología de clase*, expresa la concentración de individuos favorecidos en el plano socio-económico y por ello establece una concordancia, aunque parcial, entre raza y clase social; pero los antropólogos han estudiado poco la segunda parte de su tesis, pues se encontraban, a veces, en situaciones embarazosas, como acontecía, por ejemplo, cuando se medía el cráneo a un intelectual y resultaban unas dimensiones menores de lo que en teoría se hubiera deseado.

C) A raíz de las investigaciones del botánico genovés A. de Candolle, se planteó el interrogante tanto de la "demografía diferencial", de las clases sociales como de los "tipos somáticos". Se desprendía así un juicio negativo sobre la urbanización de los países europeos, puesto que los individuos superiores, atraídos por la vida urbana, se reproducían menos y llegaría un momento en que se extinguirían.

D) A partir de estas mismas investigaciones, se planteó el problema del origen geográfico de los personajes ilustres nacidos en los siglos precedentes, cualesquiera que hubieran sido sus aficiones o sus logros. Y esto se aplicó a una quincena de individuos conocidos. Woltmann, un antroposociólogo, describió la tipología de algunos "personajes" italianos y franceses partiendo de sus retratos y biografías y el sexólogo Havelock Ellis se interesó por algunos individuos de alcurnia de Inglaterra y Escocia (Woltmann 1903, 1907).

E) A pesar de los deseos formulados por Darwin, el problema de la selección sexual en la especie humana, ya sea asunto preferencial de la pareja o de uno de los dos individuos que la componen, ha sido tema muy poco estudiado en el plan de los trazos somáticos de los interesados. Al hilo de esto se puede admitir que siempre ha habido fisionomistas, pero esta práctica se ha considerado como paracientífica. No obstante, ha permitido algunas investigaciones derivadas como la fenomenología de Gall, o la antropología criminal de Lombroso con la célebre formación cromosomática XYY.

Estas cinco tesis, consideradas como tabúes, han estado marginadas del estudio científico durante unos 50 años como mucho. En la actualidad se han vuelto a poner le moda y aportan, en conjunto, la confirmación de lo formulado por los herejes de antaño. Además, la "antroposociología", pone en circulación tesis mal confirmadas y peor refutadas pero capaces de intrigar a toda una masa de racistas y xenófobos en potencia y conceder, por añadidura, a ciertos sicópatas políticos una pseudoargumentación. El racismo alemán de los tiempos de Hitler, como está indicado, no ha aportado nada nuevo en el plano científico.

La oportunidad se perdió, a finales del siglo XIX, cuando se estancó la cuestión al no seguir estudiando sistemáticamente la antropología de las estratificaciones sociales, lo que habría, creemos, permitido, confirmar ciertos hechos, sin necesidad de tener que acudir a una tesis explicativa fundamentada en una "superioridad innata" de un grupo humano, lo que no deja de ser más que una problemática herencia sicológica, poco fundamentada y casi siempre abordada con una metodología deficiente.

Consecuencia de lo expuesto es que aquí defendemos la tesis de que la actitud de tratar el racismo, sobre todo el nórdico, como desprecio es insuficiente, ilusorio y peligroso. Hasta hoy, las acciones contra el racismo y la xenofobia han consistido esencialmente en minimizaciones, negaciones o deploraciones de orden moral; y el fracaso de esta política es constante.

Tenemos necesidad de nuevas encuestas en el campo antropológico, etnológico, sicológico y sicopatológico, con vistas a poner a punto una actitud crítica análoga a la del sexólogo que altera el sempiterno conflicto entre el moralista y el libertino, o la del polémico que se interpone entre el militarista y el pacifista (Bouthoui 1972), con riesgo, por otra parte, de provocar sobre él la cólera conjugada de adversarios tradicionales.

1.6. MENTALIDAD RACISTA Y XENÓFABA

No es mi deseo entrar aquí en un desarrollo psicoanalítico de la cuestión, pues sabemos que las definiciones de los grupos humanos, hechas con precipitación, se sitúan en la ambivalencia de un deseo de identidad y de un temor de semejante afirmación.

Esta vacilación es una constante hasta el punto en que debemos preguntarnos si el adulto normal, dotado de un *yo* fuerte -en el sentido freudiano del término-, autónomo, disponiendo de un equilibrio flexible entre vida pulsional y control razonable, ¿no, es una excepción en el espacio y en el tiempo?, ¿no es un modelo ideal difícil de aplicar a la mayoría de los individuos, aunque haya sido puesto como ejemplo en el siglo XIX por el espíritu burgués y capitalista?

Freud ha constatado con tristeza (Freud 1981), a raíz de la primera Guerra Mundial, el resurgimiento de conductas bárbaras y salvajes en el plano colectivo. Acto seguido, asistimos en Europa al triunfo de los totalitarismos. El individuo heterónomo puede buscar ansiosamente, perteneciendo a un grupo, un remedio ante las frustraciones, las ofensas, las humillaciones sufridas por la falta del "extraño" o de la suya propia.

El racista y el xenófobo disponen así de una supervaloración del grupo, y por ello de categorías exteriores e inferiores que se desprecian o persiguen con necesidad. El racismo es vehículo, más o menos confuso, de temas míticos: paraíso, pureza de sangre, posesión de la tierra, pérdida del paraíso a causa de la acción maléfica de los enemigos y traidores, decadencia en el sentido del "crepúsculo de los dioses", esperanza en un mesianismo futuro, etcétera.

Toda esta temática está pensada por medio de cadenas cortas de causalidad, donde juegan un rol considerable las seudo evidencias atractivas y el camino hacia el fanatismo. El futuro del racista no está exento de utopías, milenarismos, grandezas, glorias, impecabilidades, etcéteras, obtenidas mediante la valoración de pulsiones agresivas y de una represión enérgica de la sexualidad (Reich 1933).

Frente a esto nos encontramos con la mentalidad del antirracista que también es capaz de generar ilusiones y fanatismo, con establecimiento de valores reaccionarios (la negritud, la asimilación del racismo al sexismo, etcétera.). Esta actitud también debe ser objeto de estudio sicológico -o sicopatológico- pues las neurosis afloran constantemente.

1.7. EXPLICACIÓN DE DOS JERARQUÍAS SOCIALES Y RACIALES

La historia del México pre-hispánico, fecunda en relatos míticos, nos habla de un rey-sacerdote, portador del título divino de Quetzalcóatl, la Serpiente emplumada; éste era extranjero y blanco, fuerte y de aspecto imponente, barbudo y descrito como rubio en numerosos relatos (Townsend 2000). Quetzalcóatl es el reformador de la religión y de la moral, el propagador de tecnologías útiles y quien estableció la vida paradisíaca (mítica); pero envejece y entonces es víctima de complots, y desprestigiado debe huir del país pero profetizando que sus descendientes regresarían irritados y reclamando sus derechos.

En 1519 ---año fatídico en que podía producirse el retorno- se comunica al emperador Moctecuhzma el desembarco de unos hombres blancos con barba, poseedores de unas armas fulminantes y ruidosas y montados en unos animales desconocidos. El soberano, influido por un terror sagrado, no organizó la defensa. El imperio azteca se hundió y la brillante civilización mexica, fue aniquilada, el pueblo vencido sometido a explotación y diezmado por epidemias desconocidas (Serrano Sánchez 2019: 64-67).

Se organiza después el Virreinato de Nueva España con su pirámide social: en la cúspide los europeos venidos de España, después los criollos blancos, los mestizos, los aborígenes y los negros -esclavos-. El México moderno, después de terribles convulsiones revolucionarias, lucha por su desarrollo económico, una mejor justicia social y valoriza la formación de un pueblo mestizo con diversas manifestaciones culturales (Comas 1976).

Actualmente, el estudio de la estatura, el color de la piel y de los grupos sanguíneos permite diferenciar aún a grupos de origen social diferente. Constatamos una superioridad de los blancos y mestizos blancones, bajo nuestra óptica europeísta, que tiene su origen en la conquista del siglo XVI. Y situaciones análogas pueden observarse en otros puntos de América.

En España no se produjo nunca una ruptura de civilización tan catastrófica. El territorio ha sido objeto de invasiones protohistóricas e históricas, como las de los celtas, griegos, fenicios, cartagineses, romanos, germanos e islámicos, separadas. Estas invasiones han ocupado el noroeste, el Duero; el Tajo, Ebro, etcétera y con Leovigildo se pone fin a un período confuso de invasiones germánicas, preparada por una inmigración pacífica bajo el régimen romano.

Los vencedores -visigodos- han acaparado las mejores tierras, los principales puestos de gobierno, de la Iglesia, del ejército, del comercio, etcétera, dejando algunos a los hispanorromanos "colaboracionistas". No debemos olvidar que ambas comunidades -la germánica y la hispanorromana coexistían yuxtapuestas pero sin visos de asimilación de una sobre la otra. Leyes, lengua y religión eran diferentes.

La separación entre germanos e hispanorromanos fue fomentada por todos, por razones de subsistencia, situados en medio de una población mucho más civilizada y superior en número, las minorías germánicas corrían el peligro de ser asimiladas, aconteciendo lo que tantas veces repite la historia de que los vencedores por las armas acaban siendo conquistados por la cultura superior de los vencidos y para evitar el contagio se impone el *afirmar* la propia personalidad y establecer una frontera con la población nativa.

La llegada del Islam a España supuso el inicio de una nueva etapa y el contacto con una nueva cultura que fue, en numerosas ocasiones, tolerante con la población hispanovisigoda (Simonet 2018). El dominio sobre el Duero, Galicia y cornisa cantábrica fue prácticamente inexistente, estableciéndose pronto focos de resistencia, e iniciando el rechazo que, por su dimensión temporal, dejó huellas.

Si volvemos sobre nuestro tema cabe el que nos preguntemos: ¿es posible, como en México, constatar en la España de hoy, una superposición socio-racial, según la cual una parte de los descendientes de los invasores germánicos ocuparían siempre las regiones más ricas y los puntos estratégicos? Dudamos que alguien se atreva a afirmarlo pero no cabe duda que la corte establecida, primero en Cangas de Onís, luego en Oviedo y posteriormente en León estaba estructurada según las tradiciones visigodas, y por lo tanto germánicas.

La nobleza de sangre de los tiempos de la Reconquista manifiesta claramente el entronque germánico y los consejeros más cercanos a los reyes manifestaban ser descendientes de los visigodos. Es más, esta nobleza se identificará en tiempos posteriores con los ideales del reino de León primero y con los de Castilla después.

Si nos fijamos en el desarrollo del arte, vemos que la zona del Duero es dominante en Románico y Gótico, aspectos muy ligados a otros pueblos germánicos establecidos en otras áreas europeas.

Sin embargo, el problema no es tan fácil ni debe estructurarse como si estuviésemos en los altiplanos mexicanos, donde el color de la piel, con sus variaciones, es de fácil observación; pero aquí estamos entre blancos y las zonas de pigmentación permiten manifestar que la zona noroeste de España ofrece individuos rubios, no así el Levante.

¿Qué nos indica esto? Pues sencillamente, que unos 1.500 años no han sido suficientes para establecer una población homogénea en España, La estratificación establecida en el siglo V, aunque atenuada, es reconocible antropológica y sociológicamente

Parece, pues, que podemos manifestar que, ejemplos como los de México y España, sirven para manifestar el status social como resultado de una conquista, al menos en lo esencial, y que no tenemos necesidad de acudir a una explicación racista atribuyendo a los hombres del norte atributos milagrosos, y a su vez hereditarios, pues Vacher de Lapouge constató -entre otra cosas- que los hospitales siquiátricos de Suecia también tenían clientela.

Concluyendo. El racismo y la xenofobia, unidos muy a menudo, constituyen un modo particular de agresividad humana intraespecífica, y también un modo de conducta en la vida social. Nuestras "supertribus" (Morris 1978) funcionan deficientemente, produciendo neurosis en masa.

Ningún sistema político-social ha podido mantenerse con una paz interior estable, al menos hasta ahora, ni tampoco con un consenso garantizado; desde que la Humanidad consigue desarrollar la Revolución neolítica, la lucha de clases quedó establecida; al menos todo indica que, a partir de este momento, hubo siempre un contingente de resignados, de opositores, de desviacionistas, de subversivos, etcétera.

He intentado señalar la universalidad de las reacciones racistas y xenófobas, así como el peligro de subestimarlas. Perdemos el tiempo considerando estas inclinaciones como accidentes, o como desviaciones peligrosas pero temporales; las imprecaciones se establecen en el mismo, plano que intentan combatir.

Racismo y xenofobia deben definirse como componentes de la vida social y su estudio se encontraría mejor fundado y con mejores resultados prácticos, si así se hiciese. La posibilidad de aportar nuevas encuestas, de tipología antropológica de los grupos sociales, podría contribuir, entre otras cosas, a dificultar el uso, por parte de los racistas, de plantear una argumentación falaz.

El individuo permanece cargado de emociones angustiosas a las que conviene ofrecer resistencia. Parece, con palabras de Sartre, que el "infierno está en los otros» y que no podemos evadirnos de la angustia pues el margen de libertad humana es estrecho. Además, necesitamos recordar que a las amenazas provenientes de los sistemas mecánicamente deterministas ya respondió Sócrates hace más de dos mil años cuando éste fue estudiado por el fisionomista Zopiro que nunca le había visto y que exclamó respecto de él: "este hombre es esclavo de sus sentidos, y el peor que he visto". Los discípulos presentes se indignaron ante semejante acusación pero Sócrates captó el diagnóstico y respondió: "ese era, efectivamente, mi natural. Pero yo lo he reformado por la educación" (Fraile 1971, I: 242).

Freud nos ha propuesto también posturas de coincidencia y afirmación expresadas en la fórmula siguiente: "Wo es war, soq Ich werden", es decir, "donde estaba, allí debo empezar" (Lacan 1972: 217). En el fondo, es posible que todos seamos racistas y xenófobos.

El racismo y la xenofobia no pueden definirse fácilmente. El primero depende de un mal uso del concepto de raza humana, biológicamente única. El flujo de definiciones se establece en nuestro inconsciente frente al "otro", amado y detestado, y en los grupos sociales en que estamos situados pero de los que buscamos el modo de desmarcarnos.

El racismo emplea una argumentación fundada en seudo evidencias, e intenta apoyarse en hechos sociológicos y antropológicos incompletos, a menudo ni confirmados ni contrastados. El estudio de estos hechos se impone, pues existe una cierta correlación entre rasgos somáticos, socioeconómicos y culturales pero sin explicación por una herencia psicológica improbable, sino por la acción constante de factores históricos.

Capítulo 2.- ANTROPOLOGÍA Y RACISMO

Hace algún tiempo ofrecí ciertas consideraciones sobre el racismo y la xenofobia (Junquera Rubio, 1985: 49-68). Abordar problemas de esta índole, desde la antropología cultural, significa incorporarse a una reflexión que ya lleva más de 60 años produciendo literatura específica, a pesar de que el problema está presente en la Humanidad desde hace milenios.

Cuantos hacen hincapié en este fenómeno, comparten la opinión de que nadie ofrece la solución final. Y esto es algo que debe aceptarse de principio en toda reflexión que centre su estudio en problemas sociales, pues somos los hombres quienes aceptamos, rechazamos, modificamos, etc. los impulsos, positivos o negativos, que están avalados por la historia (Erman, 1952: 41-45). Esto no invalida los legítimos deseos de ofrecer los aportes que se consideren oportunos para ir clarificando.

Si partimos de que el racismo es la manifestación esencial de excluir al *prójimo*, normalmente colectivo, tenemos que admitir también que sus manifestaciones son tan diferentes que cada una resultará de un aspecto particular, precisamente aquel por el que se decide excluir al *otro*.

¿Qué relación existe, por ejemplo, entre el antisionismo propugnado por los musulmanes o el elaborado por el nazismo -ambos discriminan minorías, diferenciadas o no, aunque en este caso sean la misma- si las comparamos con el racismo colonial de los siglos XVI al XIX que se aferró a unas diferencias reales, aunque no sean más que aparentes, para justificar la esclavitud, la explotación económica y el sometimiento ideológico? ¿Cómo aclarar este problema cuando la segregación parece apoyar sus argumentos en las diferencias somáticas y solucionarlas mediante las divergencias culturales?

La discriminación se identifica hoy, en muchos niveles, con la política del *apartheid* desarrollada por el gobierno de África del Sur durante demasiados años; pero, aun siendo uno de los casos más notorios de nuestro tiempo, no es el único. El racismo es una institución, que puede identificarse con un Estado, con una sociedad o con unos individuos, que ponen en marcha un programa ideológicopolítico, mediante el que no se reconoce a ningún precio los derechos políticosociales de una o varias minorías, que por razones históricas le están sometidas. Esta situación es aplicable a los Estados Unidos de América donde han estado vigentes leyes para excluir socialmente a los negros o las sociedades indias residentes en reservas a la fuerza y con apoyo de leyes injustas (Junquera Rubio 2017a). Igualmente, similar situación corrieron en la Rusia de Stalin, por ejemplo, cuantos colectivos entraban en desgracia y eran perseguidos y desplazados. Estos hechos tienen un largo etcétera en la historia de Rusia y de otros muchos lugares (Junquera Rubio 2017c).

Afirmo esto basándome en los datos históricos, que muestran situaciones de esclavitud, pues acontece en estas etapas que son las minorías étnicas, cercanas geográficamente a quienes son sus opresores, quienes sufren la discriminación y el genocidio. La República Romana *desarrolló*, a este respecto, en el nivel de las relaciones inter-culturales y etiquetó como racista a todo individuo que hiciera pública y notoria su intolerancia, su agresividad o su rechazo hacia un grupo humano determinado. Vistas así las cosas, el racismo puede confundirse con la xenofobia, asuntos éstos que ya he clarificado en el primer capítulo y tiempo atrás (Junquera Rubio, 1985: 55).

El racismo se manifiesta metafísicamente como único y multiforme en sus aspectos fenomenológicos; no obstante, entre estas dos *realidades* se carece de un hilo conductor. No se puede ignorar que para ir de conceptos universales a particulares, o de la génesis del prejuicio a las formas de su expresión, se requieren precisar y clarificar los diferentes modos de conducta, ya que las ideologías contribuyen a hacerlos duraderos justificando sus privilegios o su agresión (Memmi, 1973: 210). El racismo se concreta en aplicar unos valores generalizados y determinantes de unas diferencias *reales* o *imaginarias* en beneficio del opresor y en detrimento de su victoria.

2.1. ASPECTOS SICOLÓGICOS Y ANTROPOLÓGICOS

El racismo es uno de los problemas más serios que tiene planteados la sociedad actual. Asistimos, a la vez, a una serie de programas que propugnan la igualdad de todos los hombres ante la ley, y a la negación de los derechos políticos o económicos para ciertos grupos minoritarios.

La palabra racismo ha aparecido recientemente en todas las lenguas (De Fontette, 1979: 6), aunque sus efectos se conocen desde hace milenios (Dumont, 1966). El desarrollo de la ciencia biológica, a partir del siglo XVIII y más aún en el XIX, permitió el nacimiento del término y de que éste se fuera desarrollando en función de unas diferencias físicas, síquicas, etcétera, entre los diversos grupos humanos (Allport, 1969).

El racismo es un sistema antropológico y político que afirma la superioridad de un grupo social sobre otro u otros, motivándose en una región o en todo el territorio de un estado -segregación racial- o intentando la exterminación de minoría sojuzgada -el antisemitismo de los nazis.

Esta -digamos definición- se acepta con restricciones y en función del concepto que cada uno tenga le *raza*. Y así es como se intenta comprender el término *racismo* en el nivel de las relaciones interculturales y se etiqueta como racista a todo individuo que haga pública y notoria su intolerancia, su agresividad o su rechazo de un grupo humano determinado. Vistas así las cosas, el racismo puede confundirse con la xenofobia, asuntos éstos que ya he clarificado previamente y que pueden captarse en el capítulo primero de este libro (Junquera Rubio 1985: 53)

Los sicólogos han estudiado el racismo aplicando estas categorías; y, si aceptamos sus presupuestos, entonces no pasa de ser una variante contingente y sintomática, de un comportamiento de temor y de derecho del "extraño". Conceptuar así los elementos puede llevarnos a una maximalización, pues el concepto de extraño debe ser objeto de una connotación más explícita.

Cuando digo extraño entiendo diferente y con ello planteo los siguientes interrogantes: ¿cómo capta esta diferencia y qué significa para que el intolerante se fije en ella? ¿por qué el excluidor es sensible a las diferencias colectivas y no a las múltiples variaciones individuales? Además, para no tocar el asunto más que de modo esquemático, si el racismo es asunto de individuos y teniendo en cuenta que no todos somos racistas, ¿por qué ciertos pueblos y siglos son más propensos a activar esta pulsión negativa que otros?

Clarificar estos interrogantes no es asunto que concierna solamente a la sicología, pues reducir -o pretender hacerlo- los comportamientos individuales a los factores sicológicos es algo que no pasa de ficción. Las condiciones sociales, en las que acontecen los agentes disfuncionales o perturbadores, deben ser consideradas con primacía respecto de los factores sicológicos.

A este respecto, se pueden hacer algunas aclaraciones extraídas de las teorías de la personalidad, agrupadas a raíz de la Segunda Guerra Mundial bajo la etiqueta de la Escuela de California. No se puede ignorar que las investigaciones de este colectivo -cuyo representante máximo es Adorno-estaban muy marcadas por el antisemitismo.

T. W. Adorno efectuó una encuesta sobre la *personalidad autoritaria*, cuyos resultados le permitieron detectar que quienes tenían inclinaciones racistas, manifestaban una acusada incertidumbre en su personalidad. Los intolerantes, ante su propia inseguridad, se acogían a la protección de un grupo y se sometían sin mayores reflexiones a las autoridades establecidas y éstas suplantaban la imagen idealizada de un PADRE lejano (Adorno y otros, 1950: 148-780).

Frente a los individuos marginados, introduce la práctica de un desprecio sistemático y autoritario, tanto más acusado en cuanto que éstos están en situación de inferioridad, desamparados y sin defensa. Según Sanford es "en estos criterios externos, y en particular sobre el estatuto honorífico, donde se apoya la personalidad autoritaria para valorar su entorno social. Y en esta jerarquía de valores, los poderosos están situados en la cumbre y los débiles en la base" (Sanford, 1950: 787).

Adorno sostiene que el intolerante organiza sus pautas de conducta mediante un mecanismo de defensa especulativa, en el que las imágenes proyectadas por el prójimo contienen un efecto provocador. Los aspectos culturales o somáticos se captan como peligros, puesto que manifiestan la existencia de una personalidad afirmada -la del *otro*- y ajena al grupo. Además, esta misma perspectiva contribuye a que los individuos inseguros -pero dominadores- adquieran una identidad negativa, ya que el otro se coloca ante él como un individuo que emite simultáneamente atracción y repulsión (Junquera Rubio, 1985: 49).

La literatura concerniente a este tema establece también un nexo entre racismo, entendido en sentido amplio, y sexualidad. El rechazo que establece el racista hacia su prójimo le impulsa hacia las más arduas proezas amorosas, en razón de una sexualidad mejor definida por la identidad que posee.

Por esta razón, se descartan -aun cuando luego acontezca lo contrario-las relaciones sexuales interraciales en las sociedades coloniales de corte anglosajón y los grupos dominados, pues las primeras identifican racismo con supremacía de poder masculino. Esta opinión no prohíbe las relaciones entre los varones blancos y las mujeres negras, pero aclarando que las iniciativas deben partir de los primeros.

En sentido inverso, seducir a las mujeres blancas por parte de los negros, constituye una motivación que debe ser reprimida sin compasión de ningún tipo, en función del temor que tienen los blancos a que sus mujeres satisfagan mejor sus placeres sexuales con esos hombres marginados en vez de con ellos.

Los presupuestos de Adorno han sido criticados, pues la "personalidad autoritaria" no es suficiente para generar un rol racista. Añado que el racismo no es un problema individual sino un fenómeno de masas; y reducirlo a categorías sicológicas es como hacerlo chocar de frente contra las advertencias propugnadas por Durkheim respecto del sicologismo.

El racismo es una conducta condenada por la moral y las leyes, pero nadie lo persigue o sanciona. En cuanto que actúa al margen de la moral, encaja muy bien aquí lo que Levi-Strauss aplica al chamanismo para introducir a los lectores a la obra de Mauss, cuando nos manifiesta que el segregacionista, en cuanto que es un individuo patológico, no hace más que "transcribir un estado del grupo y poner de manifiesto ésta o aquélla constante" (Levi-Strauss, 1966: XX).

De este modo, el racismo sería la manifestación patológica capaz de establecer el equilibrio propio de cada sociedad. Lo mismo que el chamán no se manifiesta en la vida diaria ni como anormal ni como neurótico, el racista se presenta a la luz del día como un amigo de la paz y defensor de toda justicia. Aún podemos ir más allá, según Leví-Strauss y observar que en las sociedades que no sólo toleran sino que también integran este tipo de individuos "pueden permanecer normales ciertas conductas que, por otra parte, serían consideradas como patológicas" (Levi-Strauss, 1966: XXI).

Criticar, dejar a un lado o rechazar las posturas sicologistas no significa negar la sicología, pues si el racismo se manifiesta como independiente de la personalidad, no lo hace igualmente del siquismo y, por otro lado, no se confirma con ser una opinión si tiene necesidad de un soporte ideológico para expresarse y reproducirse.

Es posible que los gérmenes del racismo estén asentados en la estructura síquica de cada individuo; pero, sin duda alguna, también entra dentro de lo posible el rechazar esto. Adorno estimó las condiciones en que aparece el síntoma patológico, pero olvidó que el racismo es un mal endémico que puede llegar a convertirse en epidémico y, si los estadios de propagación varían en los individuos, entonces nadie está lo suficientemente a salvo respecto de su propagación.

Un error metodológico no debería ser una causa capaz de aniquilar los aspectos positivos que ofrecen Adorno y sus seguidores, pues justo es reconocer que han planteado hipótesis interesantes para ampliar el panorama, restringido, por otra parte, a la "personalidad autoritaria". Las experiencias de los neofreudianos, encaminadas por esta vía de análisis, manifiestan los conflictos que se originan cuando se establece un proceso precoz para edificar el YO. EI niño, ligado a su madre, no adquiere conciencia de su unidad corporal más que a partir de la disociación del cuerpo materno; y este lapsus temporal, en la obra de Lacan, se conoce como "estadio del espejo".

Las emisiones sucesivas de fantasmas, referentes a un cuerpo despedazado y recompuesto progresivamente, se originan precisamente en estos estadios (Lacan, 1970: 89-100). Y es en el de la constitución de la identidad sexual donde este autor proyecta la etapa siguiente; es decir, cuando el individuo toma conciencia de la alteridad en cuanto tal (Lacan, 1975: 39-48).

Freud constató estos aspectos mediante la experiencia del lenguaje y la penetración en el universo de lo simbólico (Freud, 1976; Lacan, 1970, 111-208). Cada individuo debe aceptar la diferencia para poder existir; no obstante, se sentirá amenazado constantemente por la regresión al estado fusional, expresión, según algunos estudiosos, de la pulsión de muerte, lo que viene a significar un retorno al narcisismo.

La teoría lacaniana del sicogénesis pretende, y creo que lo logra, clarificar aquellos aspectos dejados de lado o no tocados en los estudios de Adorno. Así, el rechazo al *prójimo* no se establece mediante una proyección incesante de diferencias, como lo es de suyo la intolerancia, por otro lado, relativa frente a la polución, el ruido, la lluvia, etcétera.

La exclusión puede estar sustentada, al menos en ciertos casos, en los rasgos físicos; pero, con toda seguridad, lo estará mucho más en las pautas de comportamiento; unos y otras no lograrán alcanzar el estadio de repulsión salvo en el caso de que sean manifestados por un grupo pues, de lo contrario, indican la común pertenencia a un determinado orden en el campo general de la clasificación; es decir: que la diferencia, si es que existe, no puede ser más que simbólica.

El negro es negro, pero el NEGRO (o cualquier otro grupo marginado) como especie no alcanza la cota requerida salvo que esté inscrito en una serie de estadios, adquiriendo en cada uno de ellos valor de significante. Los miedos experimentados por los niños encajan en la alteridad simbólica, captada ésta como significante de una realidad indescifrable, que no es otra que la confusión simbólica en la que experimenta la perversión del orden a que pertenece.

No se encuentran mayores dificultades para captar los rasgos de este conflicto primordial en todas las sociedades. El mito actualiza constantemente el tema del andrógino (Eliade, 1969: 131). Entre todos los paraísos incestuosos, el de los *andaman*, en el que las mujeres no son intercambiadas, manifiesta el recuerdo del "más allá como un cielo en el que las mujeres ya no se cambian; es decir, arrojando, a un futuro o a un pasado igualmente inalcanzables, la dulzura, negada por siempre al hombre social, de un mundo en el que se podría vivir entre sí» (Levi-Strauss, 1981: 575).

¿No es un residuo de este recuerdo quien genera constantemente la pasión del cerrojo en los poderes totalitarios? El etnosicoanálisis complementarista, el organismo social, la protección oscurantista de la comunidad y el rechazo correlativo en el grupo exógeno (out-group) de los desviacionistas, marginados, minorías étnicas, etcétera, constituyen los índices mortíferos del impulso hacia la quietud intemporal de los orígenes (Devereux, 1972: 212).

Los diversos pueblos imponen a su historia el legado de unas categorías inclusivas elaboradas en consonancia con las exigencias del pensamiento analógico y clasifica todo. Y señalando la identidad mediante la inmutabilidad y la exclusión relativa, las sociedades se esfuerzan por preservar cada una de las categorías de la amalgama simbólica (Levi-Strauss, 1972: 315-354).

El análisis estructural ha estudiado y clasificado ciertos sistemas en los que los tabúes están presente; y no ha hecho como si fuesen aspectos taxonómicos, poniendo de relieve, contra el sentido común, la racionalidad de unas pautas de conducta en las que la inquietud se centra en evitar la hibridación ente las diversas clases de especies naturales.

El pueblo judío instituyó una serie de prohibiciones orientadas precisamente a esto. El Antiguo Testamento contiene advertencias y prohibiciones de todo tipo, como por ejemplo: "no apacentarás en tu rebaño dos bestias de diferentes especie. No sembrarás en tu campo semillas de dos especies. No usarás vestidos de dos tejidos diferentes" (Lev., 19, 19); "la mujer no llevará vestido de hombre, ni el hombre vestido de mujer"; "no sembrarás en tu viña ninguna otra semilla, porque de hacerlo, tanto los productos de esta siembra como las uvas de tu viña, quedarían prohibidos"; "no ararás con un buey y un asno juntos"; "no llevarás un vestido tejido la mitad de lana y la mitad de lino" (Deut., 22, 5, 9, 10, 11); aspectos éstos que han sido recogidos por el análisis estructural (Douglas, 1973 : 63 -81).

Todos los grupos humanos poseen diversos grados de clasificación social y establecen una jerarquización entre sus miembros, por demás de cuño propio. Toda sociedad, numerosa o no, tiene unos determinados contactos con los colectivos vecinos a los que consideran como extranjeros, tanto en la paz como en la guerra; pero de la simple estratificación en categorías como acontece, por ejemplo, en el sistema de castas, a la exclusión radical que propugna el apartheid sudafricano, nos encontramos con un abanico de posibilidades cuya solución final dependerá del acento que se ponga en estay aquélla a la hora de ejecutar. Y la pregunta que me formulo ahora, al reflexionar, no es otra que ésta: ¿dónde, cómo, cuándo, en qué, etcétera, comienza el racismo?

Para responder a semejante pregunta es necesario acudir a las relaciones recíprocas que se establecen entre la inclusión y la exclusión; en otras palabras: entre las "estructuras de comunicación", por medio de las cuales aceptamos al "otro" en "nosotros", o entre las "estructuras de subordinación" que excluyen al "otro" de "nosotros", pero asegurando su sumisión. Todas estas idas y venidas nos conducen al universo de lo simbólico.

Si extraemos la diferencia de su campo de representación, lo simbólico origina entonces las categorías que necesita el etnocentrista y las reacciones consiguientes para afirmarse. Introduciendo la diferencia en el universo cultural y manteniendo la desigualdad social instituída, entonces hacen acto de presencia las categorías funcionales del sistema de castas, así como las de sus homólogos estructurales.

El paso de una forma de representación a otra se mantiene como algo posible, siempre y cuando se agrupen y relacionen ciertas condiciones sociales: el etnocentrismo puede introducir al "otro" en la cultura, de igual modo que el sistema de castas excluye de sí formas del racismo reaccionario.

La ausencia de subordinación social, por un lado, y la rebelión social, por otro, permiten invertir las perspectivas, favoreciendo así que el campo social actúe de moderador y clarifique la cuestión. Y esto acontece así tanto si logra establecerse el domino de las estructuras de comunicación, ampliando así el mundo simbólico, como si, por el contrario, introduce, mediante una especie de "reducción de los significantes", una rotura simbólica pero auténtica mediante la cual excluye al "otro" de la Humanidad, aunque lo sitúe dentro del mundo natural. En todo caso, desde el punto y hora en que se establece un sistema de clarificaciones para satisfacer las necesidades del grupo social dominante, se inculca éste en la conciencia de los individuos, sean cuales sean los beneficios potenciales que se pretendan conseguir. Las "estructuras estructuradas" del orden social se fortalecen con las "estructuras estructurantes" de la conciencia individual, pues es el camino ideal para obtener el poder aunque éste permanezca en el mundo simbólico (Boudieu, 1977: 409).

2.2. DEL ETNOCENTRISMO AL SISTEMA DE CASTAS

Levi-Strauss ha puesto de relieve que la estructura lógica, respecto de las clasificaciones totémicas, reposa precisamente en la inquietud inconsciente de aquilatar en el interior de un conjunto simbólico el reconocimiento del "igual" y del "diferente" (Levi-Strauss, 1977: 405-411). De este modo, lo que este autor desea indicar no es otra cosa que los grupos humanos, conocidos o agrupados como totémicos, equivalen a significantes lingüísticos pues se agrupan y se separan en el interior de un atributo común (lengua y cultura como totalidad diferenciada).

No cabe duda que el totemismo emplea un lenguaje y, en éste, las digresiones diferenciales, que acontecen en los grupos situados en el interior de la naturaleza, son las metáforas que generan las diferencias en el interior de la cultura. Cuando los grupos humanos, afirma Levi-Strauss, se distinguen los unos de los otros, lo hacen por medio de las diferencias homólogas que existen en la naturaleza, puesto que las conciben relacionando unas con otras en el ámbito de la cultura. Levi-Strauss llega a esta conclusión cuando observa que en el interior de un mismo conjunto totémico "todas las mujeres llevan cofia, pero de una región a otra, las cofias son diferentes" (Levi-Strauss, 1972: 135).

Si nos situamos en la periferia, y mejor fuera, del universo simbólico de reconocimiento y en los límites del horizonte matrimonial, captamos que una primera forma de excluir al "otro", es el etnocentrismo. El "extraño", en vez de ser captado como manifestación de otro conjunto simbólico, lo que implicaría el ser aceptado, es rechazado *a-priori* proyectándolo a la esfera de la naturaleza en cuyo interior es clasificado de inmediato de un modo concreto. Los aspectos somáticos y etnológicos ayudan a que dicha clasificación se ejecute de inmediato.

Puede acontecer que el "extraño" presente rasgos físicos idénticos, en cuyo caso se invierten mediante el empleo de un lenguaje que ponga de relieve las actitudes y el modo de vestir; lo que, dicho en otras palabras, no es ni más ni menos que el código cultural imprime sus señales sobre el cuerpo. Y cuando la similitud somática se impone, es considerada como un engaño.

El otro ocupa así, al menos en un primer momento de confrontación, una situación molesta, difícil e incómoda, puesto que se puede considerar como "rechazado-aceptado"; *separado* de la cultura, se le señala como especie diferente y con ello se incluye en el universo simbólico. Objeto y no sujeto de denominación, esta especie permanece subordinada necesariamente y, por definición, es proyectada sobre ella.

El etnocentrismo se manifiesta con unas características concretas, pues opera mediante grados, lo que no excluye el que en ciertos momentos sea regresivo. El peso de la cultura se deja sentir, en cuanto que logra que ésta sea metafórica, en cuanto que pone en marcha un dispositivo que permite convertir a la figura metonímica en inversión y reducción del otro. Lo dicho se ilustra y entiende mejor si observamos las conclusiones a que cree llegar un etnógrafo, después de una investigación de campo, respecto de la jerarquía social en el México prehispánico si las equipara con el feudalismo europeo (Baizar 1950: 81-98); o también que el "salvaje" capte, observando el mecanismo de relaciones europeas, la clasificación totémica del orden segmentario.

El retroceso del etnocentrismo manifiesta el empleo de la confrontación, en cuanto que ésta permite, independientemente de las similitudes somáticas, la reciprocidad de la denominación. El reconocimiento del "extraño", en cuanto que también genera símbolos, ofrece la posibilidad de una traducción palabra a palabra de los significantes. A este respecto, Wittgenstein -citado por Bouveresse- mantiene que el "modo de comportamiento humano común es el sistema de referencia con la ayuda del cual interpretamos un lenguaje que nos es extraño" (Bouveresse, 1977: 43-44).

Las traducciones suelen ser inexactas las más de las veces; por otro lado, están subordinadas al dictado de los significados. Así es como debe entenderse el aporte de Wittgenstein, pues los protagonistas culturales se manifiestan como incapaces para legitimar otro recorte simbólico.

La razón de semejante procedimiento viene dada por el hecho de que cada uno de los elementos del sistema simbólico del uno -diferentes en cuanto a forma y enunciado- es captado como homólogo en los elementos del sistema del otro. Incorporando al extraño se le reduce a no ser más que una parte de sí mismo y con toda seguridad que será la menos concluyente y estimable.

La legislación imperialista es recíproca, anticipando y justificando todas las tentativas de servidumbre, al tiempo que traza el camino en el que deben acontecer los contactos interculturales. La sociedad imperialista, además de su mayor bagaje material y tecnológico, introduce en su simbolismo al pueblo que somete, concediéndole el estatuto de "sujeto cultural"; no obstante, se le proyecta, para explotarlo mejor, al universo de la animalidad donde las humillaciones ofrecen menos prejuicios morales.

Colocado en semejante situación, el extraño está a disposición de su observador, y así lo sugiere un documento chino del siglo XVI, en el que un mandatario escribe a su hijo, respecto de los navegantes europeos, lo siguiente: "estos hombres del océano, así es como los designa, son animales de elevada estatura. Sus ojos están profundamente hundidos en sus órbitas y su nariz tiene forma de pico de pájaro. La parte inferior de su cara, el dorso de sus manos y, parece, su cuerpo están recubiertos de pelos, lo que les hace parecer como monos de los bosques del sur. Lo más extraño, a veces, es que, permaneciendo incontestablemente hombres, no parecen presentar ninguna de sus facultades mentales. Comparativamente con ello, el más bestial de los agricultores es infinitamente más humano. Mientras, estos hombres del océano se desplazan y viajan con una seguridad propia de hombres experimentados y, para algunos, son extremadamente inteligentes. Así es plausible que sean accesibles a la educación y que, a fuerza de paciencia, se les inculque las maneras de un ser humano" (Lapiere y Farnsworth, 1936: 261).

El mandatario chino está en aptitud de reconocer lo "humano" más allá de las variables somáticas y este aspecto está contenido en la misma definición del etnocentrismo; es decir: en el fenómeno de reacción a la cultura al mismo tiempo que en el mecanismo conservador de la identidad.

El etnocentrismo ¡qué duda cabe! es un comportamiento universal que cuenta con muchos adeptos y que se manifiesta mediante una reciprocidad en la que excluir al otro es el indicador de la conducta; de este modo, aporta la prueba contraria de lo que intenta establecer, es decir: "afectivamente, somos todos semejantes, precisamente en cuanto que creemos que todos son diferentes de nosotros" (Roheim, 1967: 417).

Pasar del etnocentrismo al sistema de castas requiere situarse en el interior de la cultura. Las castas se asemejan a los grupos totémicos en cuanto que unos y otros se configuran en el interior de un mismo conjunto simbólico; a veces se diferencian, otras se oponen, en virtud de la doble sujeción a la jerarquía funcional y a la endogamia que regula toda relación recíproca (Levi-Strauss, 1972: 162-197).

¿Qué es y en qué consiste el sistema de castas? Este interrogante se mantiene abierto, incluso para las hipótesis sometidas a crítica, o para las que profundizan poco. En la génesis de las castas hay que optar entre si éstas se han formado de grupos de extranjero aculturados -y por ello inferiores- o si han emergido de una diferenciación interna, en cuyo caso el problema carecerá de interés.

Lo que interesa valorar, a mi juicio, en el sistema de castas no es el origen de los individuos situados en semejante estamento, sino el surgimiento del principio mismo. De este modo, se alejan las condiciones históricas respecto de la aparición de los diversos sistemas de castas (entiendo el término en sentido amplio y desbordando los conceptos hindú e indo-europeo), ya que no pueden reducirse a un mismo esquema mecanicista y unilineal. No obstante, en la medida en que el origen sostiene la subordinación social, ésta se impone con mayor facilidad a los grupos de procedencia extranjera.

El sistema de castas no está exento de contradicciones; y así lo apunta Luis Dumont, quien manifiesta, a este respecto, las dificultades que presenta para ser aceptado por el pensamiento occidental actual, mediatizado por conceptos individualistas e igualitarios (Dumont, 1966: 13-15; 1975: 9-34).

Agrupando a los individuos en categorías endógamas, las castas acreditan el concepto según el cual toda sociedad está compuesta de distintas especies. Y así es también como algunos marxistas asimilan la institución de castas, considerándolas como si de un cierto *apartheid* se tratase, enraizándolo con el principio del "racismo interno" (Dumont, 1966: 306-307). El razonamiento encuentra sentido en cuanto que, a-priori, el régimen de castas genera división en el trabajo y desigualdad social, aspectos ambos que acontecen también en el *apartheid*.

Esta opinión puede parecer conecta pero es poco defendible puesto que el sistema de castas contradice la tesis del "racismo interior". La razón hay que buscarla en cuanto que el racismo aparece primero como ideología y así legitima una situación que impone la exclusión. Por otro lado, en los sistemas de castas conocidos, la variable somática no interviene nunca en la ideología para justificar el principio de la segregación, pues la "separación y la jerarquía de castas no tienen sentido salvo porque todo el mundo sabe, sin tener necesidad de decirlo, que la sociedad está fundada sobre la interdependencia de las castas y, por consiguiente, de los hombres particulares en el interior de un orden que constituye la realidad humana verdadera" (Dumont, 1975: 18).

La contradicción puede ser superada en el supuesto de que nos fijemos en las relaciones que puedan establecerse entre las castas y la esfera de la naturaleza; pero nunca si nos quedamos en el aspecto morfológico que ofrecen las mismas, e incluso las relaciones inter-castas. El pensamiento hindú se encuentra dominado por la oposición entre lo "puro" y lo "impuro". Estos conceptos vienen condicionados por unos actos sociales concretos, y así tenemos que "impuro" es todo aquel individuo que toca lo orgánico; mientras que es "puro" todo aquél que se mantiene al margen (Dumont 1966: 70).

La pureza, así considerada, consiste en evitar los contactos que implica la vida cotidiana; aunque sean necesarios para la vida socio-cultural. Los hombres están expuestos a todo roce, pues en una sociedad dominada por las desigualdades sociales, la división en el trabajo se concreta en aliviar a algunos individuos; mientras que otros, por el contrario, se convierten en lo que podemos considerar como "especialistas de la impureza" (Dumont, 1966: 73).

Ganaderos, agricultores, pescadores, funcionarios y bramanes, por ejemplo, no pertenecen a especies naturales diferentes y todos están afectados de un cierto grado de impureza; pero mientras que para unos -los bramanes-, los contactos se limitan a los que vinieren impuestos por el hecho de tener un cuerpo (alimentación, excreción, etcétera), los otros -ganaderos, agricultores, y los dedicados a cualquier otro oficio están expuestos, por su profesión, a contactos impuros.

Bajo el aspecto de una sociedad global, la distribución desigual de la impureza fundamenta una jerarquía que corresponde a la intimidad, o a la permanencia del contacto, o bien a la naturaleza -más o menos acentuada- de lo "orgánico", es decir: del objeto de trabajo.

No cabe duda, por otra parte, que la oposición, que ocurre entre puro e impuro, es una de las múltiples lecturas, en lenguaje religioso, del matrimonio que ocurre entre la cultura y la naturaleza. Desde esta perspectiva, el sistema de castas manifiesta una racionalidad cercana a la de los tabúes, proyectándola a las prescripciones ancladas en el inconsciente. Oliver Cox sospechó que las castas no están distanciadas ni son endógamas, por la sencilla razón de que están somáticamente diferenciadas; pero, además, porque están culturalmente especializadas en relacionarse con la naturaleza (Cox, 1948).

El sistema, en su conjunto, es susceptible de generar dos tipos de impurezas: 1) la zona fronteriza de los posibles contactos entre cultura y naturaleza (nacimiento, muerte, intimidad con la vida animal, etcétera); 2) las confusiones que puedan acontecer entre categorías simbólicas (las castas) en cuanto que no se dé equivalencia en las relaciones con la naturaleza.

Más allá de estos aspectos socio-culturales, el sistema de castas ofrece, aunque parezca una paradoja, la ilustración de una doble complementaridad: la cultura y la naturaleza por un lado y los individuos por otra. El pensamiento occidental ha dirigido sus críticas, aunque reconociendo la participación íntima de cada uno con la vida orgánica, la ideología de las castas consagra la unidad profunda que se da entre la cultura y la naturaleza, así como de todos los seres vivos. Apoyando la división funcional y la jerarquía de los seres, el pensamiento *holístico* (Dumont, 1977: 11-26) postula su solidaridad; en consecuencia, no solamente las castas, sino los individuos encuentran sentido solamente en el interior de un conjunto: en la comunidad humana en la que participa todo el conjunto.

La India no es un caso aislado. Otras civilizaciones han sostenido durante siglos convicciones similares. La historia de Europa ofrece una postura próxima a la concepción *holística* un milenio después de la aparición del cristianismo y de la afirmación de la autonomía moral del individuo. La idelogía de los "tres órdenes", aunque distinta a la de las castas, compara a la sociedad global con "un sólo cuerpo en el que todos cooperan" (Duby, 1978: 92). En este camino se sitúa Jonás, obispo de Orleans, asesor del rey francés Luis el Piadoso y autor de un Manual de gobierno titulado *De Institutiones Regia* y que sostiene que "los jefes no deben creer que los subordinados les sean inferiores por naturaleza, lo son por el orden" (Duby, 1978: 96).

El *Tratado de los órdenes* de Carlos Loiseau, publicado en 1610, establece, tal como lo hicieron las Leyes de Manu en la antigua India, una cierta graduación en el "estado de pureza", que va desde lo religioso (lo más puro) hasta el trabajo de la tierra, donde la "pureza" se entiende en el sentido de una elevación de la tierra hacia el cielo o "de la naturaleza hacia su creador" (Duby, 1918: 15).

Si el sistema de castas es indemne al racismo, al menos señala a los protagonistas, y de igual manera el etnocentismo ofrece las actitudes y el último lugar sicoafectivo. En efecto, para que aparezca aquí la exclusión basta con que, en adelante, la perennidad de la diferencia social se conjugue con una de las grandes figuras de los tiempos modernos quien, defendiendo la igualdad de los individuos en el campo de lo simbólico, los autonomiza por relación al campo de la naturaleza y esta figura no es otra que la ideología democrática (Dumont, 1977: 20-21).

Todo parece confirmar que los primeros esclavos proceden del extranjero. Sin embargo, en el mundo greco-romano, la frontera que impedía la penetración de los "bárbaros fue retrocediendo a medida que el sistema imperialista tendía a incluir en su esfera cultural tanto a los pueblos conquistados como a los ya dominados. Es más, la figura del esclavo, cuya naturaleza se emparienta con el género animal, se esfuma con el surgimiento de la esclavitud interna. Xenofonte reconocía, observando a la sociedad ateniense, que no se distinguía, ni por el vestido ni por sus costumbres, a los esclavos de los hombres libres y añade que, alguno de entre los primeros, se hacían respetar al igual que los ciudadanos" (Lengelle, 1967: 68). La historia atestigua que la esclavitud no presenta connotaciones etnocentristas hasta el siglo III a. C.

En lo tocante al racismo, stricto sensu, parece estar ignorado en la génesis de la esclavitud americana. Al lado de los negros, aparecían europeos cuya procedencia debe buscarse en las cárceles -delitos comunes- y en las herejías religiosas. El Código Negro promulgado en 1685 fue la primera ordenanza del rey Luis XIV respecto de la esclavitud y en él se trataba con el mismo rasero a los africanos y a los protestantes (Aubert 2004: 468).

En lo que hoy es territorio norteamericano, y en concreto en los territorios anglosajones, había negros como esclavos pero los había también libres. En 1723, las leyes favorables a los libres se endurecieron y les fueron retirados los derechos reconocidos con anterioridad. El estado de Virginia privó a los que gozaban de libertad de sus derechos a votar, porque no se les consideraba totalmente hombres y así lo expresó Jefferson como ideólogo de la Constitución y que se trata aquí más adelante.

El incremento de los sentimientos racistas fue combatido por Jefferson aparentemente; no obstante, en el primer Congreso de 1776 separó a los negros de la conscripción. En 1836 se expondrá ya la "argumentación" que justificaba la esclavitud de los que la padecían por la inferioridad racial de éstos (Drayton, 1969). La evolución de semejante pensamiento ha sido estudiada con mucho rigor por Frederickson (1971). A. de Tocqueville (1963: 190-191) apunta que el racismo era menos virulento en la zona sudista que en los estados abolicionistas del Norte.

2.3. RACISMO Y COLONIALISMO

No cabe duda de que el racismo constituye un modo de comportamiento, de opinión e ideológico con clara tendencia a justificar las diferencias culturales o sociales, resaltando, para ello, las señales biológicas permanentes (color) y las hereditarias. Como pulsión negativa exige un razonamiento paradojal que se apoya en un *a-posteriori* (justificar la discriminación), pero se articula, aunque parezca extraño, como un *a-priori* (existencia de las razas y la desigualdad de éstas). Con estos presupuestos es como el racista, en detrimento de un soporte somático diferenciado, intentará imponerse acudiendo a imágenes no exentas de fantasmagorización que vienen condicionadas por el antisemitismo, color de la piel, rasgos físicos determinados, regiones concretas, etcétera.

Respecto del etnocentrismo, el racismo se sitúa en la oposición; esto es lógico, pues mientras que el primero arranca de la cultura, entendida ésta como alteridad simbólica aunque vacía de símbolos para inducir a la naturaleza, el segundo nace de ésta en cuanto que en ella encuentra la diferenciación somática para inducir a la cultura y a que esta se exponga en su favor.

El etnocentrismo opera apoyándose en la ausencia de rasgos culturales; de este modo, llega a concluir en una serie de seudo diferencias naturales. El racismo actúa fijándose en los rasgos físicos del extranjero, pues éstos le proporcionan cuanto necesita para establecer el rechazo y proyectarlo fuera de la cultura. La exclusión del "otro" cree resolver así sus problemas, pero no cabe duda de que su actuación peca de ingenua, pues conformarse con la racionalidad biológica, es lo mismo que operar siguiendo el camino que van trazando los desvíos biológicos que son, por otra parte, los indicadores necesarios para la diferenciación de las especies; y, por consiguiente, de las singularidades psicoafectivas y etológicas propias de cada una de ellas.

El intolerante conoce de sobra que los rasgos somáticos se oscurecen en la confrontación; y algo similar acontece en el etnocentrismo. El problema que hay que plantear está en saber por qué el racista, al menos hasta un cierto grado, rechaza la confrontación, puesto que impone y subordina el apriorismo del cuerpo, así como sus consecuencias lógicas.

Así como en toda relación social, cada componente de ésta tiene su nominación correspondiente y en el desarrollo del racismo la "víctima" carece de nombre. No existe, parece ser, en ninguna lengua un término con el que se la pueda designar. No cabe duda de que la alteridad sólo se capta aquí en cuanto que el OTRO es el espejo del YO; y, por ello, constitutivo del sujeto (Lacan, 1970: 181). El cuerpo ofrece un determinado simbolismo; pero, más allá de éste, el excluidor detenta los medios necesarios para esclavizar a su víctima. Y así la confina, lo que debe entenderse como aplastamiento, a un estamento social en el que le puede negar la existencia, pues ésta constituye la garantía de la identidad del actor que actúa para excluir.

El racismo está influenciado, a la vez, por el etnocentrismo y el sistema de castas; en consecuencia, origina, mediante un triple registro de operaciones, la motivación síquica y la clasificación simbólica, a pesar del antagonismo que ofrecen estas manifestaciones. Ambas motivaciones no están disociadas totalmente y es posible pasar de una a la otra, pues la rebelión de la víctima desencadena el racismo reaccional; mientras que la sumisión genera el funcional.

El colonialismo, muy ligado al problema aquí tratado, es el prototipo del racismo funcional. La colonización relaciona a dos poblaciones cuyos universos simbólicos son distintos y ambos definidos mediante una relación etnocéntrica recíproca. La sociedad colonial opera esclavizando al pueblo conquistado y lo sitúa en la periferia de la Humanidad. El colonizado puede optar a una aculturación, pero, a menudo, se le niega en razón de la necesidad que tiene el "patrón" de justificar la explotación mediante la disociación biológica.

El racismo colonial se genera en un contexto ideológico-político que proclama, junto con la unidad del género humano, la exigencia de reconocer a todos los hombres derechos y estatus iguales. Justificando la desigualdad social en una sociedad que pretende ser igualitaria, la segregación opera no estableciendo la desigualdad como principio (este sería el caso de la India), sino excluyendo, mediante argumentos seudocientíficos, a una parte de la humanidad. Y en este sentido deben entenderse los aportes de Dumont cuando dice: "el bar de color americano contradice el sistema igualitario en el seno del cual se encuentra y constituye, de alguna manera, una enfermedad" (Dumont, 1966:313).

Puede resultar extraño que la democracia explique la difusión del racismo reaccionario en la época actual, pero así es. Un grupo humano, marginado o excluido del universo simbólico de permanencia, reivindica, en nombre de la democracia de que hace gala el grupo dominante, el acceso a la igualdad. La reivindicación se manifiesta mediante la asimilación del código socio-cultural del opresor (lengua, educación, modas, costumbres, e incluso la religión). El deseo de establecer una posición de concurrencia, en el seno de un conjunto regido por la competición entre iguales, impulsa a los oprimidos a pulsar cuantos resortes consideren necesarios para conseguir el objetivo final.

Sin duda, existen situaciones donde el ascenso social de un grupo minoritario, o de una fracción étnica, es tolerado, pero como una excepción y nunca como cosa normal. Este aspecto, real por otra parte, choca al observador en cuanto que semejante ascenso no se capta como una amenaza por el grupo dominante, aspecto éste que podría considerarse, tanto más cuanto que la competencia es cada día más implacable, la insatisfacción social más acentuada y la identidad más precaria. La historia detecta que los brotes de racismo reaccionario se multiplican cuando estallan conflictos sociales de envergadura (crisis económicas agudas, guerra, paro forzoso, inestabilidad social, etcétera).

La frustración, por un lado, los sentimientos de fracaso y de culpabilidad por otro, se orientan hacia un "culpable" sobre el que manifiesta los trazos más próximos a la identidad del grupo dominante, y que se valoran en dos líneas:

1) triunfo social, explicitado en una instrucción, valorización del trabajo, dinero, posesiones, prestigios, etcétera;
2) disposición a transgredir las leyes.

El hecho de que los atributos sociales positivos pueden, en las sociedades de corte democrático, ser adquiridos por todos en lugar de heredarse solamente por los componentes del *in-group*, y de algún modo concedidos por derecho, como indicadores de una identidad de nacimiento, es lo que indica su factibilidad. Atribuyendo a la identificación del judío asimilado un carácter postizo, es como se manifiesta en su propia identidad, y ésta en una relación impuesta, pues YO soy de toda la eternidad mientras que TÚ no lo eres; es más, resulta contrario a que el advenedizo pretenda ocupar el lugar y el ego de quien decide. Esto puede verse en una afirmación hitleriana: "en tamo que judío -sostenía Hitler- será casi una amenaza, y cuanto más lo sea, más peligroso será" (Hassoun, 1977: 31).

La oposición, entre el racismo funcional y el reaccionario, nos ilustra más respecto de la razón del racista. Expulsando al "otro" fuera del campo cultural, disimula un doble enunciado en lo tocante a la naturaleza y a sus atributos.

Lo esencial del pensamiento mágico, resumiendo la definición, es hacer intencionales cuantas relaciones perciba la ciencia como contrarias a la intencionalidad; de este modo, la relación de la cultura con la naturaleza, se comprende como una especie de un "frente a frente" que acontece entre una multitud de voluntades antagonistas. Dominando y controlando a los seres de la naturaleza salvaje, es como el hombre logra en ésta una auxiliar para su esfuerzo vital y una fuente para su subsistencia, así como logro de beneficios.

Por otro lado, los espíritus naturales son susceptibles de domesticar la cultura y de servirla. La brujería representa la penetración de las fuerzas perversas y agresivas en determinados individuos, a los que concede un poder capaz de orientarlo en contra de sus semejantes. La naturaleza se constituye, mediante el juego de sus mandatarios clandestinos, en el principio originario del mal (Junquera Rubio 1982: 313-325).

La intención y el discurso segregacionista operan razonando. Ante el negro "necio, inocente e irresponsable" se sienten paternalistas, puesto que es una "bestia amansada"; pero los defensores del *apartheid* se enfurecen si el mismo individuo tiene la ocurrencia de reivindicar la igualdad, o manifiesta pretensiones a conseguir su humanidad. La función de explotado se enmascara entonces a los ojos críticos de la opinión pública que presenta, por otro lado, la naturaleza maltrecha, violenta y parásita. Juan Comas ofrece un ejemplo claro, a este respecto, sobre los emigrantes chinos en Estados Unidos y cómo evolucionó la opinión sobre ellos, pues de ser considerados como "frugales, sobrios, trabajadores, inteligentes y respetuosos de las leyes" al principio del siglo XX, se pasó a valorarlos como "impropios, repugnantes, inasimilables y peligrosos" (Comas, 1960: 31).

Los datos registrados por el etnocentrismo señalan una oposición entre el "salvaje auxiliar" y el "salvaje enemigo" (*hospes hostis*), lo que no excluye que ambos aparezcan ya en el pensamiento más antiguo de Occidente. Rasgos de estos aspectos los encontramos tanto en el Polifemo de Homero como en los tímpanos de las catedrales medievales; "como las ermitas, los bosques medievales están poblados de dominios y el hombre salvaje puede aparecer a la vez bajo las especias de los inocentes de la edad de oro (...), pero también bajo las de Satán" (Bellour-Clement, 1979: 290).

Desde la Edad Media hasta hoy, la introducción del "salvaje" en la cultura dominante, manifiesta un modelo arcaico de clasificación; pero, a diferencia de la fábula naturalista que diferencia las buenas de las malas especies, la víctima del racismo es potencialmente, y por ello también alternativa, perro fiel y lobo feroz, en tanto que consienta o se resista a la domesticación.

El racismo funcional rige las situaciones de explotación directa que ponen en contacto a dos sociedades muy discriminadas. Para que la explotación sea aceptada tanto a la conciencia del colono como en la inteligencia del esclavo, es necesario que la disfunción cultura/naturaleza se ajuste a los cánones de la jerarquía socio-económica, pues la clase dirigente se identifica con la cultura y los explotados con la naturaleza. De este modo, la cultura explota a la naturaleza y ésta manifiesta su utilidad.

El racismo reaccionario opera de otro modo, pues aquí la línea de separación entre la cultura y la naturaleza puede ser exterior a las relaciones de producción. Esta especie de exclusión proyecta sobre un *enemigo externo* todas las responsabilidades, injusticias e infortunios. Aquí, en lugar de explotar la naturaleza a la cultura es esta la que explota a la primera.

En tal disyuntiva, es fácil *comprender* los deseos destructores que mantiene el racista respecto de su víctima, intentando anular en ella todo rasgo de humanidad; pero, el excluidor sabe muy bien que su esclavo se encuentra siempre agobiado, lo que no impide la aniquilación total porque ésta implicaría, para el agresor anular su propio YO narcisiáco en el conjunto de la Humanidad.

El racismo, considerado como expresión de una identidad patológica, lejos de retroceder o alejarse de su pasado, parece tener el porvenir resuelto, en medio de un mundo encaminado hacia la uniformidad de modelos, de técnicas y de modos de vida. La crisis actual, respecto de las identidades, propaga un germen amenazante por partida doble para el "otro", a quien se intenta aniquilar a toda costa.

Capítulo 3.- LOS INDIOS CHANKAS ANTE LA EXCLUSIÓN SOCIAL

El capitalismo actual pretende globalizar la economía y el consumo de los mismos productos en cualquier parte de la tierra, por remota y aislada que se encuentre. En la actualidad existe una opinión general de que las influencias externas no hay modo de obviarlas ni de hacerles frente. Las redes del capitalismo son lo suficientemente amplias y complejas como para elaborar incluso objetos que podrían fabricarse a nivel local porque se cuenta con tecnología más que suficiente pero que, para ampliar la dependencia, se elaboran en lugares remotos y no creo que la elección de estos sitios se deba al azar, sino a una política consciente[12].

Un ejemplo de esto lo encontramos en la Coca Cola, una bebida refrescante que puede que sea el producto más conocido a lo largo y ancho del planeta. Pues bien, en puntos tan alejados de los caminos habituales como puedan ser el Lago Sandoval, en el departamento de Madre de Dios (Perú), se capta su propaganda y la misma está bien expuesta en las cataratas del Ahuashicayu, en las cercanías de Tarapoto, dos de los pocos lugares idílicos que aún pueden visitarse. Este modelo de dominación comercial y cultural ofrece ejemplos similares con las salchichas, las hamburguesas y otros productos que llegan a centros de consumo muy lejanos porque los aparatos logísticos de la propaganda internacional y local han ido logrando que los aborígenes de acá o de allá estén predispuestos a usar cualquier cosa que se les ofrezca con una etiqueta bien pensada.

Un detalle que no ha dejado de asombrarme, y ya lo contemplé en la década de los setenta, es que la chicha morada, una bebida propia y

---

[12]Este capítulo pretende manifestar algunos datos que fueron recogidos durante una investigación de campo, en los meses de julio-agosto de 1996, en el marco del Programa Intercampus, Acción II para profesores universitarios, con las universidades Cayetano Heredia de Lima (Perú) y Antofagasta (Chile). La investigación se amplió en julio de 1997, en el marco de las actividades programadas en un convenio entre las universidades Cayetano Heredia de Lima (Perú) y Complutense de Madrid, para desarrollar el Proyecto Wayku que tuvo varias misiones para investigar y poner en marcha el mapa de marcadores genéticos en el Perú contemporáneo, tales como hla, dqalfa, dqbeta y otros en poblaciones nativas endogámicas para estudiar la interrelación genética entre Europa y América. Agradezco el que se me tuviera en cuenta para integrarme en el equipo investigador y especialmente a los profesores doctor Segundo Seclén Santisteban, profesor principal de medicina de la Universidad Cayetano Heredia de Lima y al doctor Carlos Seoane Prado, vicerrector de Relaciones Internacionales de la Universidad Complutense.

tradicional de los Andes y de la Amazonia, se ingiere hoy a partir del contenido de un sobre, que forma parte de un pequeño paquete comprado en una farmacia o pequeña droguería y vertido en la cantidad de agua correspondiente. Este aspecto evita la molturación del maíz, la masticación y ensalivación correspondiente por parte de las mujeres encargadas tradicionalmente de tal tarea y aligera la jornada laboral. Al mismo tiempo, las sociedades de cultura occidental ya no tendrán reparos sobre la higiene a la hora de elaborar este tipo de refresco. Los pantalones vaqueros o *blue jeans* son otro ejemplos de éxito comercial y aceptación cultural internacional.

En mi opinión, y admito desde ahora que puedo estar equivocado, la idea que se ofrece de la globalización no deja de ser desatinada, al menos en lo que se refiere a la unificación equilibrada e incesante de diversos territorios y capas sociales en el conjunto del mercado y consumo mundiales. En el horizonte humano no hay posibilidad de lograr una sociedad homogénea salvo que se aplique una política de limpieza étnica, que ya se conoce en el pasado y en la actualidad (Bosnia, Ruanda, Sudán, Turquía, Iraq, Sri Lanka etcétera). En el polo opuesto se apuntalan y favorecen las diversas culturas de las minorías en el conjunto de cada uno de los Estados en que se asientan.

Curiosamente, esta emergencia de cultura local se acentúa al mismo ritmo que se desvanece la presencia occidental, aunque no sea esto un dato totalmente claro. Lo que me parece rotundo es que ya no puede ofrecerse ni plantearse un colonialismo al estilo del pasado y menos aún de que unas potencias impongan sus normas en términos de dominación. También va ganando terreno el criterio de que cada región del mundo desea tener espacio y manifestar su modelo de vida propio y que se respete.

Trazado de carreteras, medios de transporte, sistemas de comunicación etcétera, son ingredientes culturales en los que podemos coincidir todos y al mismo tiempo diferenciarnos en el uso. Un taxi era un medio de movilidad exótico en la España de los años cuarenta del siglo XX, y hoy ya dejó de serlo incluso en regiones como Lamas, en el departamento peruano de San Martín, en donde la gente acude a Tarapoto y otros centros urbanos en los carros colectivos. Nadie va a desconfiar de la influencia económica en estos cambios, como nadie tiene por qué dudar que no cumple la misma función social un taxi en Lima que en Lamas.

Estimo que los procedimientos económicos son promovidos y codificados por la cultura, que se está modificando continuamente, porque los humanos no somos estáticos y porque también hay un factor de influencia mutua. Una sociedad educa a sus miembros para que cumplan todas las reglas de sociabilidad enseñadas, pero, al mismo tiempo, ellos actúan también sobre el modelo educativo y lo actualizan constantemente convirtiéndose así de educandos en educadores. De este modo, el pasado está presente, se pone al día paulatinamente y va vislumbrando el futuro cercano. Teniendo en cuenta que la cultura tiene que ser explicada estudiándola y evaluándola continuamente, podemos llegar a desenmarañar todo el entramado económico y viceversa.

Los chankas son los protagonistas de este estudio. Son peruanos y ningún lamista, como también se les denomina, discute respecto de su nacionalidad. Se dice que el Perú moderno se ha hecho a raíz de la etapa de conquista efectuada por Francisco Pizarro y más concretamente en los siglos de la colonia española. Igualmente, se afirma que la ocupación hispana transformó a la nación y la convirtió en una sociedad multicultural con categorías sociales diferenciadas: vencedores y vencidos (Wachtel 1976); planteándose entre estos dos grupos una separación que supuso siempre la negación y marginación de los segundos.

Desde luego, estoy convencido que el multiculturalismo en el Perú es anterior a la llegada de los españoles, y una buena prueba son las numerosas culturas preincaicas, algunas con un gran desarrollo económico, social y político, que los del Cuzco pretendieron integrar bajo su control. Siendo un poco más justos, habría que admitir que la conquista iniciada por Francisco Pizarro no hizo otra cosa que sustituir un poder por otro, y como la colonia duró más en el tiempo, dejó más improntas en la sociedad y en la historia, unas negativas y otras positivas.

En lo que se refiere a los chankas, los cronistas españoles los trataron bien porque tenían ambos un enemigo común: los incas. Es más, las gestas de los primeros frente a los cuzqueños son ensalzadas por Cieza de León en el siglo XVI y muy especialmente su jefe Ancohallo, que cuenta con una pequeña estatua en el norte de la ciudad de Lamas. No obstante, a la larga tendrán que buscar refugio en los bosques y montes del actual Huallaga y en la zona en que vamos a movemos en este capítulo.

Cieza dice que cuando llegó al actual territorio de Andahuaylas la región estaba gobernada por "un indio llamado Guasco, y a los naturales dan por nombre chancas […]. Fueron en tiempo pasado tan valientes (a lo que se dice de éstos), que no solamente ganaron tierra y señoríos, mas pudieron tanto que tuvieron cercada la ciudad del Cuzco, y se dieron grandes batallas entre los de la ciudad y ellos, hasta que por el valor del Inga Yupangue fueron vencidos; y también fue natural desta provincia el capitán Ancoallo, tan mentado en estas partes por su grande valor; del cual cuenta que, no pudiendo sufrir el ser mandado por los incas y las tiranías de algunos de sus capitanes [...] se metió en lo más adentro de las montañas y pobló riberas de un lago que está, a lo que también se dice, por bajo del río Moyobamba" (Cieza de León 1553/1984: 115).

Más adelante, el mismo Cieza apunta cómo los chankas decidieron conquistar la ciudad del Cuzco llegando a las cercanías y ocupando algunas zonas altas desde las que se podía contemplar la capital del imperio incaico. Se libró una batalla feroz pero el inca Yupanqui venció con holgura hasta el punto que Cieza asegura "que alcanzó la victoria de la batalla con la muerte de los chancas todos, que no escapó, a lo que dicen, sino poco más de quinientos, y entre ellos su capitán Hastu Guaraca, el cual con ellos aunque con trabajo, llegó a su provincia (traduzco que se refiere aún a Andahuaylas). El inca gozó el despojo y hubo muchos cautivos así hombres como mujeres" (Cieza de León 1553/1984: 196).

El jefe chanka Ancoallo aparece según Cieza como glorioso competidor de los incas, sus enemigos tradicionales y regionales. El cronista recoge las opiniones y ensalza al jefe antes de que éste se interne en la actual zona de Huallaga en busca de refugio y ponerse a salvo de los del Cuzco.

Añade "cómo los indios que salieron de su provincia de Andaguaylas con el capitán Ancoallo hubiesen realizado grandes hechos en estas guerras, envidioso de ellas (y con rencor que tenían contra el capitán Ancoallo de más atrás, cuando el Cuzco fue cercado), los determinaron matar y así, los mandaron llamar; y como fuesen muchos junto con su capitán, entendieron la intención que tenían, y puestos en armas, se defendieron del Cuzco y aunque murieron algunos, pudieron los otros, con el favor y esfuerzo de Ancoallo de salir de allí, el cual se quejaba a sus dioses de la maldad de los orejones [...] que, por no los ver más ni seguir, se iría con los suyos en voluntario destierro; y echando delante las mujeres, caminó y atravesó las provincias de los Chachapoyas y Guánuco, y pasando por la montaña de los Andes, caminó por aquellas sierras hasta que llegaron, según también dicen, a una laguna muy grande, que yo creo [entiéndase Cieza] lo que cuentan del Dorado, adonde hicieron sus pueblos y se ha multiplicado mucha gente. Y cuentan los indios grandes cosas de aquella tierra y del capitán Ancoallo (Cieza de León 1553/1984: 199-200).

Los piropos emitidos por los cronistas se quedaron en eso: en buenas intenciones. Parece ser que el idioma quechua, con el que se han expresado los chankas durante siglos, les fue enseñado por los misioneros jesuitas de la zona cercana del Maynas. Lo que está claro es que hoy de la lengua vernácula no queda nada o casi nada; a lo más ciertas variantes dialectales o préstamos lingüísticos que han logrado sobrevivir como vocablos aislados.

Volviendo a la economía, en primer lugar hay que observar que el colonialismo practicado en él Perú tuvo sus singularidades, al menos en ciertas zonas. Se apunta muchas veces que la agricultura que encontraron los conquistadores españoles tenía baja rentabilidad, motivo por el que los vencedores no se preocuparon mucho de reformar el rendimiento local; razón, igualmente, por la que los nativos siguieron gozando de un régimen "relativamente alto de autonomía y autodeterminación en la organización de la economía, así como también formas de cooperación propias que tenían de sus orígenes en épocas prehispánicas" (Golte 1995: 139).

Esto puede ser verdad en donde se ha observado, pero carece de sentido aplicárselo de modo general a todo el Perú o al menos al territorio que ocupó el imperio incaico. El entorno geográfico de la cordillera andina presenta zonas de una utilidad agrícola que puede estimarse como muy alta (los valles costeros e interandinos), donde llevan produciendo alimentos desde hace más de 5 000 años (Gutiérrez Usillos 2002). En el mismo medio ambiente encontramos zonas áridas y semiáridas por lo que en ellas muy bien pudo acontecer, como dice Golte, que no resultaran apetecibles para los conquistadores.

La organización social andina ha sido siempre compleja pero muy fácil de exportar a otras regiones, algunas incluso lejanas. Si hubiera que buscar un eje vertebrador de toda la economía habría que encontrarlo en el trabajo físico y comunitario. En el interior del ayllu daremos con formas sociales de reciprocidad expresadas mediante el *ayni* y la *minka*, por ejemplo. Estos aspectos, de alguna manera, se mantienen vivos cuando las gentes abandonan sus lugares de origen y se establecen en las ciudades, principalmente las costeras. En la emigración y nuevos asentamientos las relaciones laborales se basan en primer lugar en el parentesco entre aldeanos y compadres. De este modo, la vida de la aldea, del pueblo o de la pequeña ciudad se trasplanta a la gran urbe y lo que ha cambiado es el paisaje, que ahora será más urbano que rural, pero el modo de relacionarse sigue siendo prácticamente idéntico al anterior.

Con este telón de fondo, las relaciones sociales de confianza y desconfianza son más apreciables a nivel local que regional o nacional. Andrés Cachique, un curandero y vegetalista chanka hoy fallecido que residía en el barrio lamista Wayku, lo expresaba así en agosto de 1997 ante mis preguntas referentes a su participación como nativo e iletrado (así reza en su libreta electoral) en la sociedad peruana actual: "he vivido en Pucallpa, Tarapoto y Lamas. Acá, hasta hace unos años, todos los criollos se reían de nosotros [...] la Guardia Civil no nos dejaba hacer fiesta y si nos detenían nos llevaban al calabozo, nos daban látigo y nos decían "¡muérete filacho[13] de mierda!" [...] Teníamos que beber nuestros orines porque no nos daban ni agua. Sólo hemos sufrido burlas y mortificaciones".

El color de la piel y la filiación étnica es un tema clave para entender la discriminación en muchos lugares de América Latina, que rechazan a sus conciudadanos por estos detalles (Junquera Rubio 1996: 59-72).

Curiosamente, cuando las poblaciones aborígenes peruanas han tenido la ocasión de levantarse en armas contra el poder establecido, resulta que se resisten, salvo los dirigentes de los movimientos revolucionarios, a superar la discriminación social acudiendo a soluciones separatistas o militaristas. Esto se ve en todos los pronunciamientos armados de izquierda y extrema izquierda: MLN (Movimiento de Liberación Nacional), MLR (Movimiento de Liberación Revolucionario), MRP (Movimiento de Revolución Peruana), SL (Sendero Luminoso), MRTA (Movimiento Revolucionario Tupac Amaru) etcétera, que acaban fracasando y la gente en general se alegra de que desaparezca semejante plaga.

Frente a esto el sector informal planteó una novedad socioeconómica en el Perú actual: "los datos permiten construir una imagen de un sector informal compuesto por trabajadores básicamente progresistas en el sentido del cambio social, aunque también caracterizados por creencias intensamente individualistas. Las dos orientaciones se combinan para determinar en promedio una actitud política moderada" (Tueros 1984: 13).

---

[13] Filacho es un vocablo despectivo que emplean los mestizos y blancos para señalar a los chankas como gentes inferiores y despreciables.

Los informales han manifestado también su opinión cuando se les interroga respecto de sus posiciones políticas y partidistas, a la hora de elegir a un candidato de la burguesía tradicional o de votar por la innovación. Todos sabemos hoy como logró triunfar el presidente Fujimori en 1990 con un partido nuevo denominado Cambio 90. A este respecto, Adams y Valdivia recogen varios testimonios entre la población de Gamarra, y por diversas razones reproduzco el de un individuo al que ellos designan con el nombre de Felipe, que no se negó a votar a Vargas Llosa por motivos ideológicos sino basado en sus vivencias y experiencias. El tal Felipe, ante las insinuaciones de una pariente próxima, se expresó así: "mi prima me dijo "éste es el presidente que postula por Cambio 90". Y era chino, ¿no? Es como decir una oveja negra. Y de repente puede ganar este tipo. Y así me quedó en la cabeza. Y dije "voy a ir a visitarlo a mi otro primo", porque yo no tenía candidato. Vargas Llosa será, porque decía tecnología, eso. Porque es lo que necesitamos nosotros es verdad. Y cuando yo miraba al chino -yo tengo acá su calendario, lo miro y digo: "pues éste está más cerca".

"Más cerca, digamos, es como decir un muchacho que ha tenido y tiene que ver con el sembrío, entonces te conoce. No es como Vargas Llosa que es un escritor ¿no? Ha trabajado en la agricultura, tiene chacra. Aparte de que yo me pregunto: "¿Onde hay un chino flojo?'. Los chinos, japoneses, que han venido acá al Perú todos están calladitos trabajando. Y se ayudan unos a otros ¿no? Entonces yo digo: por qué no podría ser este hombre presidente" (Adams y Valdivia 1984: 145).

Son muchos los peruanos que manifiestan que Abimael Guzmán, el líder de sendero Luminoso, es el hombre que más daño ha hecho al Perú actual, junto con Alan García, el presidente aprista refugiado en París y acusado de multitud de delitos. Son las dos AG más nefastas de la historia contemporánea peruana, en opinión de mucha gente. La razón de estos juicios hay que buscarla en la idiosincrasia de una sociedad que plantea sus relaciones y contactos a través del trabajo, éste es el modo con el que se organizan ante la globalización puesto que la redefinen y adecuan a su propio criterio. La ocupación laboral es plata (dinero) y con ella puede lograrse todo y la consecuencia es que sin faena no hay nada. Es más, resulta que no precisamente pocos peruanos se han convertido en empresarios, a lo largo de sus años de emigración, en alguno de los centros receptores de población migrante, como muestran los citados Adams y Valdivia (1984).

3.1.- ECONOMÍAS FAMILIARES Y ETNORRACIALES EN EL PERÚ

Le economía peruana ha ido de mal en peor en los últimos treinta años. Gente de todo tipo y condición ha debido abandonar el país en busca de un sustento digno en el extranjero. Estados Unidos, Japón y Europa han sido los puntos elegidos principalmente para los nuevos asentamientos. En esto no se diferenciarían mucho de otras migraciones. La peculiaridad de muchos peruanos -y de otros iberoamericanos- es que la movilidad es familiar primero, y hay una red social que implica a otras; arrastra hacia el lugar de destino del primero que tomó la iniciativa. Los otavaleños ecuatorianos son los más conocidos en los mercados internacionales y formaron una tupida red humana de desplazamiento hacia los Estados Unidos y Europa. Otras minorías han seguido el ejemplo una vez que incursionan en la economía globalizante y ése es el móvil también de los chankas.

Hay que decir que los emigrantes interandinos y andinos se caracterizan por una inclinación a trabajar más horas de las que marque cualquier horario fijado con acuerdos sindicales; a esto hay que añadir que se conforman con un salario mínimo, lo que puede muy bien traducirse por una adecuación a rebajar para subsistir. En estos casos la antropología social no tiene otra función que la de captar estos detalles como características de la minoría étnica correspondiente, y nada más por el momento.

Ahora bien, teniendo en cuenta que un grupo reducido se ajusta muchas veces mejor para su estudio a una subcultura, resulta entonces para lo aquí considerado que conviene conocer bien las estructuras sociales que caracterizan la relación de los individuos entre sí y la manera como se utilizan las mismas desde el interior del grupo y frente a la sociedad globalizadora. En muchos casos, abundantes aspectos étnicos se utilizan en la economía a partir de una forma cultural concreta. Por ejemplo, el señor Pedro Pérez y su esposa Catalina Reyes (nombres ficticios porque no me parece correcto usar los auténticos), de la ciudad de Lamas, usando de su autoridad moral de compadres, han llevado a Lima a numerosas ahijadas suyas y las han enrolado en el servicio doméstico en casas de parientes y conocidos con los que mantienen relaciones económicas y sociales.

El hecho en sí es social y cultural en primer lugar, pero reporta unos aspectos económicos que son difíciles de cuantificar por cada una de las jovencitas que acude a la capital de la nación, pero no para quien inicia el enganche y lo ejecuta acudiendo al compadrazgo, que es una institución más que centenaria.

En las sociedades precapitalistas acontece que todo lo que se tiene se suele distribuir a nivel comunitario. Las relaciones familiares pueden llegar a convertirse en estrategias frente a otros. Si una parentela en concreto se manifiesta por medio de una sólida estructura familiar, no cabe duda que sus integrantes se ayudarán de la misma forma en cualquier empresa o transacción económica que se produzca. El parentesco y el compadrazgo son instituciones claves para entender cómo se entra y se sale de un determinado lugar. Estos grupos humanos, hoy considerados como minorías étnicas, puede ser que muchas veces no sepan a dónde orientarse, pero lo que está más claro que el agua es que la toma de disposiciones y explicaciones impulsan a todos en la misma dirección.

Dicho esto, hay que tener en consideración que no todos los miembros de un grupo humano tienen acceso directo o indirecto a los recursos. En el barrio chanka de El Wayku, en la ciudad de Lamas, se ha abierto hace unos años el Tambo, una especie de tienda étnica donde el turista puede proveerse de artesanía indígena. El aprovisionamiento de mercancías debería ser general, es decir, que todas las familias del lugar interesadas en el comercio artesanal podrían abastecer el *stock* sin mayores problemas.

Curiosamente, resulta que productos típicos y propios se elaboran por parte de numerosas familias, pero no todas venden en el Tambo porque este lugar tiene también su control: aquí comercia la gente del líder que gobierne, o que tenga mejores relaciones con el exterior. De suyo, abundantes productos autóctonos circulan por la zona y por regiones lejanas sin necesidad de tener ningún tipo de contacto con el Tambo. El Wayku es un emplazamiento nativo que tiene también sus enfrentamientos internos y basándome en ese criterio apunto que no tiene por qué coincidir ni poco ni mucho con una producción y comercialización de tipo étnico[14].

Suele acontecer que cuando unos familiares se agrupan en torno a una empresa, la ocupación laboral de cada uno se juzga como una transacción más y como una condición sine qua non para ilustrarse en las obligaciones del comercio. Al actuar así se da por supuesto que después se otorgará tiempo

---

[14] Agradezco a Guadalupe Gama, Valvanera Sevillano, Victoria Mazo, Balbina Carandez, Rosa Beltrán y Luz Morales (Nana), las informaciones proporcionadas. Todas ellas cuentan con años de residencia en El Wayku.

para la emancipación de cada miembro, que irá buscando formalizar su propia cédula y todas ellas formalizarán una especie de cadena empresarial.

Lo que vengo exponiendo hasta aquí es como la parte positiva del tema a reseñar y evaluar. Resulta que existen otros puntos que no son tan apropiados. No olvidemos que los emigrantes son gente que se ve forzada a abandonar sus tierras de origen, unas veces se quedan cerca y otras lejos. Como tales, a la hora de reasentarse encuentran numerosos obstáculos y de ellos cito los siguientes: insuficiente control de la lengua extraña, aunque pueda ser la oficial del Estado que les ha visto nacer, cosa que acontece con la mayoría de las gentes del Wayku; falta de capacitación laboral y profesional, que no se adquieren de la noche a la mañana; discriminación racial a que se ve sometido todo aquel que decide emigrar; los tres obstáculos anteriores fuerzan a la búsqueda de un autoempleo en las redes del parentesco real o ficticio (compadrazgo).

Esto presenta tanto ventajas como desventajas. Encontramos gente contenta y descontenta, porque en definitiva ésa es la vida del emigrante y de quien no lo es. El análisis de una macroencuesta realizada entre 43 826 escolares iberoamericanos, a cuyo frente estuvo el profesor Tomás Calvo Buezas, de la Universidad Complutense de Madrid, y de cuyo equipo formé parte, capta las opiniones de los jóvenes peruanos, de las que extraigo alguna porque reseñar a todas excede las proporciones de este capítulo. Un estudiante mestizo de una gran ciudad critica la ejecución y planteamiento de algunas preguntas: "no sé por qué hacen esto. Yo quiero que sepan que me da igual...". Otros opinan lo contrario; así, una mestiza dice: "Bueno, para mí la encuesta está muy bien hecha" (Calvo Buezas 1998: 509-510).

No cabe duda que hay numerosas compatibilidades entre las economías familiares generadas por la emigración en los países industrializados y las de Lima, Tarapoto, Chiclayo, etcétera. El éxodo masivo de campesinos europeos hacia las ciudades después de la segunda Guerra Mundial, asentándose en los arrabales de las mismas, tiene muchas similitudes con el desplazamiento andino hacia las ciudades de la costa del Pacífico a partir de 1960. Los chankas del departamento de San Martín se consideran comunidad nativa por un lado y mayoría indígena regional por otro; ambas cosas no tienen mayor significado frente al conjunto de la sociedad integral por mucho que se quiera defender lo contrario.

La cultura global conoce desde hace cuatro o cinco milenios la presencia real de una sujeción y vasallaje internos. La sociedad estatal se construye en referencia al otro (en unos sitios será frente al gitano y en otro ante el indio, por ejemplo). Este último es un ser absolutamente separado de la cultura dominante. Hay migraciones internas que pueden ser tanto y más traumáticas que las que se orientan hacia el exterior. Un chanka de Lamas, de Sisa, de Chazuta etcétera, tiene más dificultades para encontrar trabajo en Tarapoto, que es la capital regional, que en Europa en cuanto indio o aborigen de acá o de acullá. La razón es que en el Viejo Continente se ignora lo que acontece en el universo regional y local, o en todo caso se ven muy lejanos los posibles problemas que afloran; mientras, en las cercanías sucede todo lo contrario: todos saben el origen y posición de todo y aplican de inmediato la pirámide social.

La exclusión de los emigrantes pertenecientes a una minoría étnica despreciada es algo que se capta fácilmente cuando los negocios locales que requieren mano de obra advierten de antemano que se contrata gente de raza blanca o nativos que sean lo más blancos posible. Un ejemplo de lo que vengo aduciendo, basándome en mi experiencia de campo de julio-agosto de 1996 y agosto 1997, es cómo el señor Pablo Rubio (nombre ficticio), dueño de un afamado restaurante de Tarapoto, situado en uno de los sitios más importantes de la ciudad, ha tenido buen cuidado a la hora de elegir a quienes deben atender a la clientela. El jefe de camareros es un hombre blanco bien plantado con numerosas pecas, oriundo de Cutervo en Cajamarca; las camareras y cajeras, uniformadas con blusa blanca y minifalda roja, son descendientes de europeos o blancones. Si un chanka encontrara aquí algún trabajo sería en la cocina para mover un saco de papas de acá para allá pero no para manipular alimentos, porque no está calificado. Algo similar acontece en los restaurantes que podemos evaluar como de competencia directa y situados a pocos metros del anterior, aunque con menos volumen de negocio.

La discriminación oficial y pública es un hecho comprobado en numerosos lugares. Aunque reprobable desde el punto de vista ético, es una acción general muy bien estructurada y que sabe de la necesidad que tiene el desplazado que acude solicitando ayuda o trabajo asalariado. Un marginado social puede ser pisoteado por la sociedad dominante y tener prestigio en la minoría étnica ala que está adscrito. Esta razón permite hacer frente a las inferioridades estructurales ofreciendo a quien se somete lo que éste ignora; es decir, el oprimido puede disponer de una red social sólida basada en los lazos familiares a los que puede imponer una interesante práctica en la ocupación laboral que se le asigne. Este es posiblemente su mejor caudal social: controlar a la familia y hacer que ésta actúe en esta o aquella dirección.

¿Cuál es la razón para proceder así? Se piensa, porque así se vive en la práctica, que los familiares se apoyan frente a cualquiera y que no se engañan entre ellos. Aun cuando esto no siempre es así, resulta mucho más benéfico que perjudicial para la buena marcha de la economía. Los lazos de sangre permiten producir mejor que en solitario. Ahora bien, teniendo en cuenta que todo esto es verdad, también lo es el entramado social de cualquier individuo marginado que encima de serlo desea mejorar de vida incursionando en negocios no precisamente tradicionales. Esto requiere apoyos y confianza depositada en ellos o se fracasa. Si esto lo llevamos al campo de la economía resulta entonces que ésta es una creación cultural que tiene muchas lecturas, tantas como creaciones cerebrales, incluso con códigos novedosos (Adams y Valdivia 1984).

La apertura de la carretera municipal de Tarapoto a Chiclayo ha facilitado la movilidad de personas en ambas direcciones. Que la costa tiene influencia en el departamento de San Martín es algo que se ve incluso en que la música norteña (la marinera por ejemplo) suena tanto o más que el huayno andino. Numerosos productos lambayecanos, como los famosos dulces denominados King Kong de la firma San Roque, se consumen en casi igual proporción que la cerveza. Los comerciantes viajan de vez en cuando para abastecerse de las mercancías que venden y de este modo se ponen en contacto con sus familiares cada cierto tiempo. Esto también acontece con los lamistas que salen por la Marginal, o desde el aeropuerto de Tarapoto, y viajan a la costa o a Lima para llevar sus artesanías y comercializarlas o dejárselas en depósito a la parentela para su comercialización posterior. Lo mismo puede sugerirse si determinados productos autóctonos aparecen en comercios y tiendas especializados en Europa. En Madrid, por no citar otro ejemplo, existe una colonia de emigrantes chankas que reciben mercancías artesanales desde la región de Tarapoto, y con toda certeza que no usan de los canales propios del comercio internacional, sino de los establecidos por las redes familiares que son las conocidas y fiables.

3.2. IMPRECISIONES CULTURALES, ECONÓMICAS Y SOCIALES

La pertenencia y adscripción de las personas a familias concretas parece ser una especie de estratagema para asegurar la economía doméstica. Igualmente, cuando la agrupación familiar se enfrenta al mercado laboral y comercial tiene más posibilidades de éxito porque todos trabajan para todos. Con esto no quiere decir que sea la única forma de acción, porque se detectan otras modalidades, simplemente ésta es la más eficaz para triunfar y neutralizar ciertos rechazos sociales. Lo mismo que la gente se agrupa en torno a la familia, resulta igualmente que se captan ejemplos de gente que actúa individualmente. En el primer caso existe una confianza que no puede traicionarse por parte de cuantos se acogen al amparo familiar, que impone un código de sanciones si llega a darse el caso. La ventaja en estos casos es que el trato es afable y no aflora para nada la discriminación.

Agruparse en parentela tiene también sus desventajas. A veces la conducción equivocada, o los salarios recibidos son bajos, junto con una jornada laboral que suele ser intensa, tal vez como consecuencia de que quienes se asocian no tienen otro camino con el fin de evitar la segregación que sufrirían con quienes no son de la estirpe. El vocablo que mejor traduce este tipo de relaciones es de obligación, es decir, la gente se sujeta porque hay formalidades que no se pueden ignorar.

Las imprecisiones culturales no pueden explicarse como ajenas al grupo social en que se detectan. Desde esta posición, se puede afirmar, aunque no totalmente, que estas economías logran un cierto éxito a pesar de la informalidad comercial y laboral, como enseña el ejemplo de Gamarra. Muchos chankas opinan que para progresar es necesario tejer bien las redes del parentesco real (biológico y jurídico) y las del ficticio (compadrazgo). Las de este segundo son tan fuertes como las del anterior y raramente se rompen porque el compromiso se establece de por vida.

3.3. EL FUTURO

Teniendo presente la motivación cultural y las vínculos que establecen, hay que reconocer que un número de emigrantes de zonas marginales del departamento de San Martín (y de otros) ha conseguido asentarse y triunfar desde el punto de vista de una economía tradicional -lo que no es extensible a todos- gracias al conocimiento, los lazos familiares, las conexiones de compadrazgo, etcétera. Con esto no quiero indicar que la cultura chanka sea el remedio que satisfaga todos los dilemas sociales de los emigrantes adscritos a esta etnia. Un capítulo por hacer es el que describa con precisión el éxito y el fracaso en la emigración.

Este éxito relativo en los últimos treinta años puede deberse a la mala gestión estatal de la década de los años ochenta, caracterizada por la crisis en el abastecimiento interno, la deuda externa cuantiosa, el aislamiento internacional y la evasión de capitales, principalmente como consecuencia del terrorismo de Sendero Luminoso y de la política aprista de Alan García.

En esta situación, los nativos y emigrantes triunfaron porque se encontraron con que los comerciantes tradicionales abandonaban el lugar, y con ello dejaban un espacio libre, aprovechado por el aborigen. El Estado es siempre intervencionista, pero en esta oportunidad ni favoreció ni mutiló la expansión comercial de los inmigrantes que ofrecían sus productos sin ningún tipo de problemas. Actualmente, las cosas ya no son tan fáciles. El gobierno del presidente Fujimori ha vuelto a la intervención y con ello las masas de informales ya no están tan contentas. La SUNAT, Superintendencia Nacional de Administración Tributaria, comenzó interviniendo y multando a todos aquellos que eran cogidos en falta.

Suelen surgir nuevas y novedosas actitudes frente a lo que acontece hoy. Los chankas del barrio del Wayku estructuran los lazos con sus familiares, pero también los evitan con otros componentes de la etnia porque están enfrentados entre ellos, como ya he puesto de manifiesto (Junquera Rubio 1998: 243-257). La endogamia local se exporta a Tarapoto, a Lima y a Europa si es preciso. Ahora bien, para ampliar la influencia se requiere encontrar una posibilidad y ésta se basa en el compadrazgo, que tiene mucha raigambre en las sociedades iberoamericanas y tanta o más fuerza que la parentela, y esto se capta cuando se establece con gente extraña de otras regiones o de las élites locales a las que suelen acercarse como un modo de lograr ascenso y prestigio social.

La lealtad a la etnia a la que se pertenece puede muy bien proceder de la situación de abundancia o de penuria en que se encuentre cada individuo o su propio grupo social. La fidelidad a la familia, a la sangre, al compadrazgo, etcétera, es algo que muy difícilmente se quiebra, y cuando se hace es porque se sufre en carne propia la segregación y la marginación que impiden el acceso a un salario justo y digno.

Las posibilidades de una vida subterránea impulsan a los individuos de cualquier cultura a rechazar las tradiciones aprendidas porque no les resuelven la vida como era de esperar. Los chankas buscan una respuesta satisfactoria que les permita ser lo que son en una sociedad multiétnica y multicultural en la que se ven con pocas posibilidades incluso para subsistir, porque la experiencia que tienen desde el Incanato es la de buscar refugio, y cuando se pusieron en contacto con occidente se les vació de contenido: incluso los misioneros jesuitas les enseñaron el quechua como nueva lengua de expresión, curiosamente la de sus enemigos tradicionales. En la República se les ha castellanizado. Estos detalles manifiestan lo que hay: una evaporación de la identidad.

Ante esta situación, lo primero que me viene a la cabeza es preguntarme si la globalización no será una nueva fórmula engañosa a nivel universal. El futuro nos lo mostrará. La economía es una disciplina que implica a toda la gente, sea de la tradición cultural qué fuere. El papel moneda fluye y circula por muchos y diferentes caminos y ningún individuo y sociedad parece rechazar las mayores cantidades posibles. El dicho popular de que el dinero es el dios de finales del siglo XX y principios del XXI puede tener muchas lecturas, algunas incluso ciertas. La sociedad global exige una coincidencia de tres factores: lugar, espacio y tiempo, y cuando surgen más de dos variables culturales se acelera también la paradoja, porque la tradición humana también es eso.

Nadie se atrevía a discutir hace algunos años que los bancos japoneses fueran seguros para inversión y luego entraron en crisis y tuvieron que acudir en busca de ayuda y asesoramiento exterior incluso para cambiar la imagen ante propios y extraños. Algunos logros de la globalización no pueden ignorarse. Los medios de comunicación social aplicados a la cultura autóctona son capaces de hacerla olvidar en menos de una generación. Los jóvenes chankas cantan, tararean y bailan mejor la música *folk* o el *rock* duro que las danzas tradicionales que han quedado como residuo cultural para conmemorar el día de santa Rosa cada 30 de agosto. Este detalle y otros similares pueden evaluarse como que los lamistas se han sumergido en una economía global, lo que no deja de ser también falso, o por lo menos no del todo cierto.

Si fracasan los negocios chankas no sólo hunden inversiones e intereses autóctonos. Lo peor será que la endogamia se quebrará, la familia se resentirá y el compadrazgo entrará en un declive difícilmente recuperable. La economía es una variable crucial que tanto puede ser bondadosa como maligna. En una sociedad globalizada, en la que la toma de decisiones se hace a muchos kilómetros de distancia de los afectados, resulta que éstos carecen incluso de canales de respuesta.

Una razón de peso para tener en cuenta estos detalles es que los mercados pueden ser globales y estar interconectados, pero nunca han sido transparentes, lo que puede llevar a evaluaciones erróneas de la realidad. Estos detalles obligan a buscar el control político, que es el que permite reorientar las posiciones y evitar las malas inversiones que fluyen de toda dependencia.

En un mercado excepcionalmente vendedor como es el de Gamarra, operativo al margen de muchos de los valores estatales pero con mucha demanda por parte de los compradores y consumidores, hay que preguntarse si todos los tejidos vendidos como de vicuña o alpaca son realmente elaborados con lanas procedentes de estos animales. La duda es humana y cuenta con una larga tradición filosófica.

La globalización también navega entre las tinieblas, y cuando la claridad no es absoluta no deja de resultar preocupante. Los chankas pueden sentirse orgullosos de su pasado pero deben ser cautos ante el riesgo que implica sumergirse en una economía que no controlan. Hay que advertirles a ellos, y a las otras minorías, que nada remoto les es ajeno y las decisiones lejanas les pueden afectar. ¿Cómo lograrían advertir en Lamas, Chazuta, Sisa y otros asentamientos que una subida de tasas y de corte del dinero puede llevarles a un fracaso estrepitoso en sus perspectivas de futuro a corto plazo? Las personas e instituciones comprometidas con las culturas minoritarias estamos en la obligación de estudiar por y para ellos; en caso contrario nuestro compromiso también está llamado a la ruina.

Capítulo 4.- EL RACISMO EN LOS ESTADOS UNIDOS CON ÉNFASIS EN EL MANDATO DE TRUMP

Este capítulo está sustentado por tres hechos concretos: 1) piel de color negro en humanos, 2) muerte por asfixia de George Floyd por aplicarle un policía la rodilla en el cuello sin miramiento alguno, 3) el suceso ocurre en el mandato de Donald Trump. El motivo por el que el citado fue inmovilizado y asfixiado procedió de una acusación, que incluso puede ser errónea, de que intentó pasar un billete de 20 dólares que parece ser era falso.

Este acontecimiento, negativo a todas luces para la humanidad en general y para los Estados Unidos en particular, ha generado protestas en numerosas ciudades y lugares del mundo, incluso y a pesar de que muchos países están bajo confinamiento a causa de la pandemia COV-19.

Quede claro y así debe entenderse, que la muerte de George Floyd es la última ocurrida, pero en el futuro, salvo que cambien mucho las cosas, habrá otras; es más, la sociedad negra de los Estados Unidos ha saltado a la calle para protestar y ejecutar el pillaje y el saqueo pertinente. Estos hechos vienen bien para evaluarlos en el conjunto de la sociedad norteamericana en general y en el mandato de Trump en particular con algunas reflexiones sobre el gobierno del actual inquilino en la Casa Blanca.

4. 1 EL COLOR DE LA PIEL

Nacer con una piel de color negro es un motivo para rechazar a quien lucirá ese matiz. En Minneapolis, ciudad importante del estado norteamericano de Minnesota, el policía Thomas Lane ha sido acusado de asesinato, al usar unas tácticas improcedentes para detener a George Floyd, un individuo negro que fue derribado al suelo y asfixiado con una rodilla de Lane puesta en el cuello, supuestamente para inmovilizarle y que, desgraciadamente, produjo la muerte de Floyd. Este hecho ha sido noticia en todos los medios de comunicación del mundo, no solo por la pésima imagen que ofrece, sino por las consecuencias posteriores, ya que numerosas poblaciones negras se han echado a la calle para protestar de ese suceso, considerado cruel y nefasto, produciendo disturbios y saqueos, que siguen a día hoy cuando redacto este ensayo.

Entra dentro de lo posible que el racismo y la xenofobia nacieran como una consecuencia de la Revolución Neolítica, ya que hasta ese momento las diferentes sociedades vivían de modo igualitario. El descubrimiento y puesta a punto de la agricultura incipiente generó unas distancias sociales. El recién estrenado agricultor innovó el campo, fue abandonando la recolección, gestionó canales para el riego y además inventó ciudades. Estos hechos produjeron una división entre los humanos y aún sigue aunque sea con otras connotaciones.

El racismo no es problema de hoy sino de siempre y cuenta con una lista de hechos que hunden sus raíces hasta en la Prehistoria y esa pulsión negativa se mantiene porque de alguna forma está asociada a quienes controlan el poder, la economía, la sociedad y la cultura; es más, en estos estamentos interviene cualquier signo que pueda favorecer su permanencia en el quehacer humano. Es un mito que se acuesta y duerme en ocasiones y despierta en cuanto suena una alarma para actuar; en el caso de Floyd fue la rodilla de Lane la encargada de actualizar la cadena histórica.

El vocablo *negro* se ha aplicado a los nacidos en África y a los descendientes de la trata esclavista asentados en tierras americanas se les designa como afroamericanos. Quede claro que todos los términos que hacen referencia al color están *inflados* y, en consecuencia son relativos. No es lo mismo un blanco español que otro sueco; es más, en América Latina, las personas que racialmente se adscriben como de procedencia anglosajona, el vocablo que se les aplica es el de gringos, término que surgió en el siglo XIX como consecuencia de las guerras entre Estados Unidos y México. En aquella oportunidad, los soldados norteamericanos iban uniformados con ropa de color verde y los mexicanos los calificaron uniendo dos vocablos: green (verde) y go (ir) y al fusionarlos surgió *gringo* y con él deseaban expresar que se alejaran y regresaran a su tierra.

El color de la piel ha generado prejuicios notables entre individuos de diferentes etnias y, en ocasiones, de rechazo incluso entre individuos del mismo grupo. El repudio está arraigado profundamente y con muchas connotaciones culturales. Los navegantes europeos de la época de los descubrimientos eran rechazados en China por tener pelos en el pecho y esa peculiaridad advertía a los mandatarios, quienes aconsejaban a sus súbditos que debía desconfiarse de aquellos marineros (Junquera Rubio, 1985, pp. 49-68; 1989, pp. 93-110; 1996, pp. 59-72; 2004, pp. 109-128).

La piel negra ha sido valorada en negativo por muchas sociedades e individuos desde hace siglos; es más, cualquier peculiaridad que se capte desde el exterior es calificada como rechazable, ya que no encaja en los criterios de igualdad. El racista se considera superior y odia a quien entiende como inferior simplemente por la imagen externa. Y no vale asegurar que eso es falso, quien rechaza nunca lo reconocerá.

La piel de Carlos Junquera Rubio en España es considerada como blanca, pero es hispana o latina en los Estados Unidos, italiana en Alemania y francesa en Rusia. Pongo estos ejemplos personales, ya que he pasado por ellos y por algunos otros más cuando he viajado por el exterior. Señalo que la percepción externa puede orientar al equívoco.

Aunque no desee admitirse, el color de la piel no es más que un ingrediente cultural relativo, pero para los racistas es absoluto y lleno de desprecio hacia el humano odiado. Lo que está claro, en el último siglo, es que ser negro puede conllevar a ser víctima de cualquier agresión y de perder la vida por ese detalle, como ha ocurrido con el último citado: George Floyd.

El fenotipo tiene un significado concreto en biología, pero en las ciencias humanas y sociales se ha detectado que genera desconfianza social y el siguiente paso es que aflora el rechazo y la exclusión. Hace unos años, ocurrió en España y concretamente en Madrid, un asesinato que conoce, desde entonces, como *El Crimen Racista de Aravaca. Crónica de una Muerte Anunciada*. Pues bien, la asesinada, Lucrecia Pérez, una ciudadana emigrada desde la República Dominicana, era calificada en su país como *india*, cuando en realidad era *negra* (Calvo Buezas, 1993, p. 101).

4. 2 PODER Y RACISMO EN ESTADOS UNIDOS

A pesar de que los Estados Unidos se encuentran en una etapa que ha superado las leyes racistas y que incluso científicos sociales así lo proclaman (Hollinger, 2011), la Unión tiene aún un problema serio con la exclusión social de los negros e individuos de otras minorías asentadas en su territorio. La muerte de George Floyd hay que enmarcarla en el contexto global, por el que se moviliza la sociedad norteamericana. A pesar de las críticas y certeras muchas veces, Donald Trump disfruta de un cierto éxito incluso actuando como un actor tragicómico, debido a que representa a la supremacía blanca, que se activó para apoyarle y auparle y a la que el presidente responde en positivo otorgando la respuesta que esperaban.

Voy a sostener en este apartado, que el éxito electoral de Donald Trump y de gran parte de lo que hasta ahora parece ser su agenda política se basa en el racismo arraigado y en las presunciones de la supremacía blanca en las instituciones y en la cultura de los Estados Unidos. Mi testimonio no se basa en nada empírico, sino en lo siguiente: 1) una apreciación de la naturaleza del racismo y su evolución en los Estados Unidos; 2) una comprensión de cómo su alcance cultural y sus efectos permeables dan forma incluso a los esfuerzos por desarrollar el conocimiento sociológico sobre la desigualdad social; y 3) ilustraciones de cómo varios dilemas concretos de la raza en la campaña de 2016 funcionaron a favor de Donald Trump.

Igualmente, voy a mantener que los Estados Unidos experimentaron un debate electoral en el que un republicano multimillonario y blanco logró lo siguiente: 1) manifestarse más como un líder de las clases bajas, trabajadoras y medias a como lo estaba haciendo su rival demócrata; 2) una parte de ese éxito procedió del ambiente continuo y persistente de los prejuicios raciales, que están subyacentes en la política nacional y en el discurso político cotidiano; y 3) por una crisis económica generada por el discurso progresista de Obama que generó temor en los votantes minoritarios que terminaron apoyando a Trump.

Debemos tener en cuenta que el racismo es un vocablo polisémico; es decir, ofrece diversos significados para la sociedad norteamericana. Es importante valorar los orígenes, el funcionamiento y las características de los cambios importantes que han impactado en su manifestación en los Estados Unidos.

Dos ejemplos recientes favorecen aclarar el contenido del discurso racial. El primero procede de la declaración hecha por Pamela Ramsey Taylor, directora de la Corporación de Desarrollo del Condado de West Virginia, quien a poco de ganar Trump publicó la siguiente nota. "It will be refreshing to have a classy, beautiful, dignified First Lady in the White

House. I'm tired of seeing a Ape in heles"[15] (Rosembaum, 2018, p. 36). El segundo fue pronunciado por otra mujer y apoyando, la alcaldesa de Clay West Virginia, Beverly Whaling, después de conocer el contenido: "just made my day Pam"[16]. Creo que ambos comentarios son groseros y lamentablemente femeninos.

La alcaldesa Whaling renunció a su cargo inmediatamente y entonces añadió: "my comment was not intended to be racist at all. I was referring to my day being made for change in the White House. I am truly sorry for any hard feelings this may have caused. Those who know me know that I'm not of any way racist.... Again, I would like to apologize for this getting out of hand"[17] (Rosenbaum, 2018, p. 36).

Otras declaraciones ofensivas fueron emitidas por Carlo Paladino, copresidente de la campaña presidencial de Trump en el estado de Nueva York, quien escribió que deseaba que el presidente Obama muriera de la enfermedad de las vacas locas, y añadió, respecto de Michele Obama: "I'd like her, to return to being a male and let loose in the outback of Zimbabwe where she lives comfortably in a cave with Maxie, the gorilla"[18] (Ofield y Ayscue, 2018, pp. 129-130). Paladino recibió la indignación como respuesta y admitió su arrepentimiento hacia el exterior.

En principio, estos comentarios se pronuncian para recordar estereotipos sobre los afroamericanos (Junquera Rubio, 2004, pp. 119-120). Estos mensajes e imágenes tienen un origen muy lejano y se recuerdan para mantener viva la memoria respecto a que los africanos están más cerca de los simios que los europeos y con ello se expresa que no son humanos completamente (Junquera Rubio, 2004, p. 121). Los racistas niegan siempre que lo son, aunque sus hechos les demuestren lo contrario.

La lucha por los derechos civiles se inició después de la Segunda Guerra Mundial. En la actualidad y desde el punto de vista legal, el racismo

---

[15] La traducción: "Será refrescante tener una Primera Dama elegante, bella y digna en la Casa Blanca. Estoy cansada de ver a un mono con tacones"

[16] La traducción: "Acabo de alegrarme Pamela".

[17] La traducción: "Mi comentario no tenía la intención de ser racista en absoluto. Me refería a que mi voto se emitió para el cambio en la Casa Blanca. Lamento mucho cualquier resentimiento que esto pueda haber causado. Aquellos que me conocen saben que no soy de ninguna manera racista [...] nuevamente, me gustaría disculparme no vaya a ser que esto se vaya de las manos".

[18] La traducción: "me gustaría que se convirtiera nuevamente en hombre y se dejara llevar al interior de Zimbabwe, donde viviría cómodamente en una cueva con Maxie, el gorila".

en los Estados Unidos es algo malo, dañino y estigmatizante, pero se sigue ejerciendo y practicando y de vez en cuando afloran ejemplos como el de George Floyd. El racista norteamericano es fanático del criterio anglosajón y actúa como un autómata para mantenerlo a como dé lugar; es más, nada se sostendría si no contara con una ideología de apoyo y la misma procede de la convergencia de dos ingredientes: 1) dominación y explotación racial creyendo que el negro[19] es biológicamente inferior; 2) ejercer estas creencias para justificar el trato inferior que se aplica a ese grupo en concreto.

Las nociones de superioridad e inferioridad racial son una fábula social cuyas manifestaciones pueden remontarse a la época del imperialismo, del colonialismo y de la expansión capitalista. La supremacía blanca se impone a la inferioridad de las sociedades de piel negra, especialmente con los nativos africanos o sus descendientes. El cristianismo en sus diversas versiones y el Islam en las suyas se muestran antirracistas, pero en la práctica no han logrado que sus seguidores se muestren realmente equitativos. El individuo afroamericano en Estados Unidos ha sido moldeado por la doctrina de la supremacía blanca, y esta imagen se concreta en las prácticas institucionales y se activa en las costumbres populares todos los días bajo diversas circunstancias y condiciones cambiantes (West, 1982, p. 47).

Kottak anota en su manual un ejemplo de su propio país, los Estados Unidos de América, donde se usa una norma que ha sido conocida como hipofiliación, consistente en catalogar a los individuos basándose en la herencia genética y aplicándola, según una norma jurídica, que atribuye al individuo la filiación genética de un ascendente minoritario del que aflora al exterior algún componente fenotípico; pues bien, según Conrad Ph. Kottak que sigue en esto a Norm Yetman (1991, pp. 3-4), la señora "Susie Guilory Phipps, una mujer de piel clara con rasgos 'caucásicos' y cabello moreno, descubrió, siendo adulta, que era 'negra'. Cuando solicitó una copia de su certificado de nacimiento, se encontró con que su raza era descrita como 'de color'. Puesto que se había 'criado como blanca y casado como blanca dos veces', se enfrentó a una ley de Luisiana de 1970 que declaraba legalmente negro a cualquiera con al menos un treintaidosavo de sangre negra" (Kottak, 1994, p. 81).

Las raíces de la supremacía blanca nacieron y arraigaron con la Ilustración y afloró casi exclusivamente en Inglaterra, Francia y Alemania (Cassirer, 1972). Esta etapa intelectual otorgó una legitimidad cultural,

---

[19] Al negro podemos añadir el latino, el asiático, y un largo etcétera.

aunque y a pesar de que aparecieron declaraciones racistas en los escritos de los principales pensadores, como Kant, Montesquieu, Voltaire, Hume, etcétera. En los Estados Unidos heredó esta antorcha Thomas Jefferson que fue el ideólogo de la constitución una vez lograda la independencia de las Trece Colonias. Entre los presupuestos de ese documento está que solo pueden ser ciudadanos norteamericanos adultos blancos, casados y dueños de tierras. Esta cláusula era rígida y el padre de los Estados Unidos, George Washington cumplía dos de los requisitos: ser blanco y adulto, pero estaba soltero. Esta dificultad se la arreglaron casándolo con Martha Dandridge Custis y así se hizo propietario y dueño de cientos de esclavos y pudo cumplir con la Constitución (Freeman, 1954; Ellis, 2004; Chernow, 2010; Maier, 2010). Advierto a los posibles lectores que los datos que parecen en la Wikipedia son bastante incorrectos en ocasiones.

Una declaración a favor de la supremacía blanca se reseña en los escritos de Thomas Jefferson. En *Notes on the State of Virginia* (Notas sobre el Estado de Virginia), que apareció en 1775 por primera vez, declaró sobre los negros, en Query XIV, que dedica a las leyes, lo siguiente: "comparándolos por sus facultades de memoria, razón e imaginación, me parece que en la memoria son iguales a los blancos; en la razón muy inferiores ... y que en la imaginación son aburridos, insípidos y anómalos ... Nunca pude encontrar a un negro que emitiera un pensamiento superior al de la narración simple; nunca he visto ni siquiera un rasgo elemental de pintura o escultura" (Jefferson 1785, pp. 147-149).

Como señaló George M. Fredrickson: "el legado del racismo pasado dirigido a los negros en los Estados Unidos es más como un bacilo que no hemos podido destruir, un germen vivo que no solo continúa haciéndonos sentir a algunos de nosotros, que está enfermo pero conserva la capacidad de generar nuevas cepas de una enfermedad para la que no tenemos cura segura" (Fredrickson, 2002). El racismo del presente es a la vez una variedad menos cruda y absoluta que su predecesor, pero todavía desfigura la cultura estadounidense y el quehacer político en el día a día.

Los éxitos de la época de los derechos civiles, que son muchos, no eliminaron las comunidades segregadas; no desaparecieron las grandes desigualdades de ingresos y especialmente la riqueza que se alinean en el bando blanco; no deshizo las prácticas y culturas policiales opresivas; y no eliminó siglos de producción ideológica y cultural de matiz antirracista. El racismo seguía teniendo los componentes de Jim Crow (King, 1995).

¿Por qué ganó Trump las elecciones de 2016? No deseo ser dogmático para responder a esta pregunta, pero creo que la tesis de Hillary Clinton falló por tres contradicciones: 1) diferencias notables entre el crecimiento simultáneo de la desigualdad en los ingresos y la diversidad etnoracial de la población estadounidense; 2) enfrentamientos internos en el partido demócrata por un lado y la racialización rutinaria de la política norteamericana por otro; y 3) una paralización de las voces progresistas respecto al poder de la élite económica, que orientaría a apelar a los votantes negros y a los de otras minorías.

En el momento actual, los Estados Unidos no son lo que fueron. Actualmente, existe un incremento considerable en la proporción de la población proveniente de Asia y América Latina, así como de otras partes del mundo incluida Europa. Las cifras proporcionadas por William Frey (2015), demuestran que el 64% de la población norteamericana puede clasificarse como blanca en 2010. Ahora bien, entre 2010 y 2050, se espera que ese porcentaje disminuya constantemente, y Estados Unidos probablemente dispondrá de otras mayorías para el 2040 (Frey, 2015 pp. 267-268).

De hecho, en el 2005 se alcanzó un punto de referencia importante, pues la mayoría de los nuevos nacimientos en este país eran niños de color. La investigación experimental muestra que cuando se les presenta esta evidencia y estas tendencias demográficas, muchos estadounidenses blancos empiezan a manifestar una sensación de amenaza procedente de las minorías y una mayor animosidad emocional contra ellas (Outten, Schmitt, Miller y García, 2012).

Las psicólogas Maureen Craig y Jennifer Richeson (2014) detectaron que manejar experimentalmente la conciencia de este cambio de población racial incrementa la identificación de los blancos con las ideologías políticas conservadoras y con el partido republicano. Cuando entra Donald Trump en la Casa Blanca, no debería extrañar a nadie que este nexo presente en muchas condiciones: una desigualdad creciente y un sentido cada vez más agudo de vulnerabilidad económica para los estadounidenses con ingresos bajos y medianos, en el contexto de un rápido cambio demográfico a medida que se va haciendo la transición de una población blanca mayoritariamente sólida a una nación sin otro claro grupo etnoracial dominante y esto puede abrir la puerta para que pueda abrirse la puerta hacia una poderosa alianza de populismo que estaría sujeto a alianzas que surgirán consecuencia de las nuevas presencias étnicas cuyos orígenes ya no serían europeos.

Una pregunta que debemos hacernos es la siguiente: ¿qué papel ha jugado el bipartidismo en la movilización rutinaria de la raza en la política norteamericana? Si miramos las contiendas electorales de los años 1950 y 1960, detectamos que las principales plataformas de los republicanos y demócratas expresaban un lenguaje muy similar sobre cuestiones de derechos civiles y raza. De hecho, ambos partidos, competían activamente por el voto negro, pero solo hasta cierto punto (Waldman, 2017).

A partir de las elecciones de 1964, los dos partidos principales comenzaron a diferenciarse en cuestiones de derechos civiles y raza. Finalmente, el demócrata se decidió claramente en lograr la aplicación efectiva gubernamental de la ciudadanía plena para los afroamericanos (Tryman, 1986, pp. 28-32). Este tema se aceleró bajo las directrices del presidente Kennedy y el partido demócrata se impuso allí donde antes estuvieron los republicanos (Frymer, 1999).

En consecuencia y desde entonces, ambos partidos dependen de la división racial para lograr su triunfo electoral. En un contexto en el que los republicanos se contentan con ceder completamente el voto negro, los demócratas necesitan solo hacer un poco para lograr la lealtad negra. Después de todo, ¿a dónde van a ir los votantes negros? Por lo tanto, incluso bajo Obama, nada de lo que se podría interpretar como una agenda verdaderamente minoritaria o negra se articula dentro de los límites de las principales políticas de los partidos.

Estando en la universidad de Texas, en la sede de Dallas, como profesor invitado, escuché a José Ángel Gutiérrez, el último líder chicano vivo, expresarse así: "nosotros vamos a votar a Obama, no porque nos vaya a dar nada, que no nos lo va a dar, sino por esperar si algún día podemos pintar de marrón la Casa Blanca". Es decir, que a corto plazo, el deseo es disponer de un presidente chicano que lidere a los Estados Unidos ¿lo lograrán? Los visos de populismo entre los mandatos de Nixon y Regan ofreciendo subsidios, incluso para vivir mejor sin dar golpe que trabajando, propició, en la distancia, que el triunfo del entonces desconocido Trump se fuera fraguando para cuando apareciera y se presentara.

Entre el 2010 y el 2012, comenzaron a escucharse discursos cuyo contenido era "recuperar América", y luego en 2016, volvemos al lema de Reagan en 1980, "hacer que Estados Unidos vuelva a ser grande". La retórica de la campaña de Trump no es una extraña anomalía, sino simplemente la inmediata extensión de un patrón y una tendencia que pueden llegar a ser preocupantes. La reacción racialmente pujante contra la aprobación de la Affordable Care Act (Ley del Cuidado de Salud a Bajo Precio), el surgimiento del Tea Party y el endurecimiento de la intransigencia republicana en la Cámara y el Senado, debe observarse a través de una lente racial (Tesler y Sears, 2010; Parker y Barretto, 2011; Knowles, Lowery y Schaumberg, 2010).

La demonización abiertamente intolerante de Donald Trump de las personas de herencia hispana, especialmente los chicanos, cuando propuso su candidatura resultaría asombrosa, salvo que tengamos en cuenta que su discurso no es más que un eslabón en la larga cadena racial. Trump supo explotar las vulnerabilidades del momento y ganó en la apuesta contra todos los aspirantes republicanos en primer lugar y contra Hillary Clinton después. Aquellos que subestimaron el poder de este discurso, incluidos 16 políticos republicanos de primera fila, cayeron incluso con un gran respaldo financiero como fue el caso de Jeb Bush.

Mi último criterio por el momento es reflexionar sobre la parálisis provocada por el poder de una élite económica, que restringe el discurso político movilizando el miedo de que alcancen el poder líderes de las minorías. Si tuviera que diagnosticar el momento actual, planteo que un multimillonario, que dispone de un baño chapado en oro en su rascacielos en la isla de Manhattan, tuvo mayor atractivo para los blancos de clase media, que una mujer que se postulaba como la cabeza visible del partido demócrata y arropada con las mejores credenciales para desarrollar una política social igualitaria frente al entorno dominante.

¿Qué es lo que ocurrió? Una explicación es que Hillary Clinton no se adecuaría a las políticas económicas propuestas desde Wall Street, al menos no lo haría como estaba dispuesto Bernie Sanders. La campaña de Clinton no se atrevió a decir aquello que se esperaba: "I'm going to represent you guys against these economic elites" (voy a representarles a ustedes contra estas élites económicas). Ese mensaje no apareció en ningún momento, especialmente estuvo ausente al final de la campaña, cuando su publicidad estaba dirigida contra Trump. Esta ambigüedad en el discurso dejó huérfanos a los estadounidenses de clase media y trabajadora y no la votaron.

Cualquier ciudadano del mundo debe ser consciente de que Hillary Clinton ganó el voto popular por un margen sustancial, pero cometió errores estratégicos que le costaron las elecciones. Lo acontecido en el 2016 no puede entenderse como reprimenda a los demócratas. No debe verse así, en mi opinión, ya que la candidata pretendió emocionar a una coalición multirracial: negros, blancos, latinos, asiáticos y otros, que fueron los que dieron la victoria a Obama en el 2008 y la repitieron en el 2012. Un candidato que aspire a ocupar la Casa Blanca, debe ofrecer un mensaje económico sólido y un perfil creíble como crítico del acontecer de Wall Street. Sin estos objetivos lo tendrá crudo y fracasará.

El vocablo raza ha sido siempre un ingrediente de la política nacional estadounidense. Su notoriedad y centralidad varían de un ciclo electoral al siguiente, pero nunca ha sido irrelevante; al contrario, es un ingrediente que siempre está ahí. Las coaliciones multirraciales en política en los Estados Unidos son necesarias y son posibles de lograr si ocurre el marco adecuado (Wilson, 1999). Sin embargo, estas alianzas solo se pueden construir cuando los agravios legítimos de todos los grupos pueden tener una voz efectiva y ser escuchados por sus socios potenciales de la coalición (Allen 2016).

En el centro del racismo se encuentra anclada la negación de la humanidad plena y común para los miembros de un grupo en particular. Este aspecto, iniciado en los Estados Unidos bajo la *iluminación* de pensadores importantes de la Ilustración orientó hasta el discurso racista y cotidiano de numerosos partidarios de Trump. Esta pulsión ha encontrado un lugar muy arraigado en el panorama social norteamericano. A pesar de muchos cambios y desarrollos positivos, el privilegio del blanco y la inferioridad del negro o del chicano, de una forma cultural, si no más "esencial", continúa ejerciendo efectos en el cuerpo político estadounidense.

En una era de decadencia económica con una desigualdad a la vista y una percepción creciente de vulnerabilidad material, en un amplio sector de la clase obrera y media estadounidense, Donald Trump fomentó y utilizó la ansiedad sobre la creciente diversidad etnorracial en los Estados Unidos. Y lo hizo demonizando principalmente y convirtiéndolos en chivos expiatorios a tres colectivos: 1) los inmigrantes mexicanos, 2) condenando al ostracismo a los musulmanes y 3) estereotipando groseramente a las personas y comunidades negras. La llamada a *"Make America Great Again"* (Haz Grande a los Estados Unidos Ahora), fue como una llamada de atención para que América regresara a un bienestar material y a una posición privilegiada de los ciudadanos blancos, que estarían protegidos y conseguirían algo en su provecho.

Donald Trump fue el candidato a la presidencia que más disgustó a todos en la época de las encuestas políticas modernas; sin embargo, los demócratas perdieron ante esta figura tan impopular. Ante semejante realidad, insinúo que ocurrió un fallo que abarcó al mensaje central sobre asuntos de bienestar económico por un lado y a una incapacidad y falta de voluntad para movilizar a la coalición multirracial, que había elegido dos veces a Barack Obama. Estos hechos están en la base de este descalabro.

En consecuencia, ante acontecimientos como los que han llevado a la muerte a George Floyd cabe preguntarse ¿hubiera ocurrido algo similar con Hillary Clinton? Si tenemos en cuenta algunos hechos que ocurrieron con Obama hay que afirmar que hubieran acontecido. El color de la piel es un problema en los Estados Unidos y porque lo sea no es exclusivo suyo, ya que otros países y sociedades lo tienen también en vigor.

En el caso americano existen ciudadanos que se siguen preguntando lo mismo que hizo Thomas Jefferson ¿aquellos individuos de ascendencia africana y que esta sea perceptible, son humanos completamente o les falta algo? Imaginar que nada debería diferenciar social o materialmente a los negros de otros colectivos es, hoy por hoy, una quimera. El éxito electoral de Donald Trump demostró esto.

Bibliografía citada

Adams, N. y N. Valdivia (1984). Los otros empresarios: ética de migrantes y formación de empresas en Lima. Lima. Edt IEP.

Adorno, T. W., et alli (1950). The Authoritarian Personality. New York. Edt. Harper.

Allen, D. (2016). "Toward a Connected Society", en E. Lewis y N. Cantor (eds), Our Compelling Interests: The Value of Diversity for Democracy and a Prosperous Society. Princeton, NJ. Edt. Princeton University Press, pp. 71–105.

Allport, A. (1969). La estructura del ego. Buenos Aires. Edt. Siglo XX.

Antons, J. H. (2014). "Las personas desplazadas en Alemania de la posguerra: sociedades paralelas en un ambiente hostil", en Revista de Historia Contemporánea, vol. 49(1), pp. 92-114.

Baudrillard, J. (1973). Le miroir de la production. Paris. Edt. Casterman

Bellour, R., y C. Clement (1979). Claude Leví-Strauss. Paris. Edt. Gallimard.

Benavides Estrada, J. A. (1996). Nuevo Atlas del Perú y del mundo. Lima. Edt. Escuela Nueva.

Bourdieu, P. (1977). « Le pouvoir symbolique », en Annales, vol. XXXII, pp. 405-411.

Bouthoui, G. (1972). Lettre ouverte aux pacifistes. Paris. Edt. Albin Michel.

Bouveresse, J. (1977). "L'animal ceremonial, Wittgenstein et l'anthropologie", en Actes de la Recherche en Sciences Sociales, vol. 16, pp. 43-54.

Bowler, P. (2003). Evolution: the history of an idea. Berkeley. Edt. University of California Press.

Calvo Buezas, T. (1993). El crimen racista de Aravaca. Crónica de una muerte anunciada. Madrid. Edt. Popular.

- (1998). La patria común iberoamericana: amores y desamores entre hermanos. Madrid. Edt.

Cassirer, E. (1972). La filosofía de la Ilustración. México. Edt. FCE.

Chernow, R. (2010). Washington: A Life. New York. Edt. Penguin Press.

Cieza de León, Pedro (1984). Obras Completas, La crónica del Perú, Las guerras civiles (1553), vol. 1, edición crítica de Carmelo Sáenz de Santa María. Edt. CSIC.

Comas, J. (1960). "Les Mythes raciaux", en UNESCO, Le racisme devant la science. Paris. Edt. Unesco.

- (1976). Resultados biológicos y sociales del mestizaje. México. Edt. UNAM.

Cox, O. (1948). Caste, Class and Race: A Study in Social Dynamics. New York. Edt. Monthly Review.

Craig, M.A. and Richeson, J.A. (2014). "On the Precipice of a "Majoritry-Minority" America: Perceived Status Threat from the Racial Demographic Shift Affects White Americans Political Ideology", en Psychological Science, vol. 25 (6), pp. 1189–1197.

Devereux, G. (1972). Etnoanálisis complementarista. Buenos Aires. Edt. Amorrortu.

Domínguez Ortiz, A. (1972). El Antiguo Régimen. Los Reyes Católicos y los Austrias. Madrid. Edt. Alianza.

Douglas, M. (1973). Pureza y Peligro. Madrid. Edt. Siglo XXI.

Drayton, W. (1969). The South Vindicated from the Treason and Fanatism of the Northern Abolition. New York. Edt. Hardpress.

Duby, G. (1978). Les Trois orders ou l'imaginaire du feodalisme. Paris. Edt. Gallimard.

Dumont, L. (1966). Homo hierarchicus: essai sur le système des castes. Paris. Edt. Gallimard.

- (1975). La civilisation indienne et nous. Paris. Edt. Armand Colin.

- (1977). Homo aequalis. Genèse et épanouissement de l'idéologie économique. Paris. Edt. Gallimard.

Eliade, M. (1969). Mefistófeles y el andrógino. Madrid. Edt. Guadarrama.

Ellis, J. (2004). His Excelence: George Washington. New York. Edt. Alfred A. Knopt.

Erman, A. (1952). L'Egypte des Pharaons. Paris. Edt. Payot.

Fontette, F. (1975). Le racisme. Paris. Edt. PUF.

Fraile, G. (1971). Historia de la Filosofía I: Grecia y Roma. Madrid. Edt. BAC.

Franklin, J. H., y A. A. Moss (1974). From Slavery to Freedom: A History of Negro Americans. New York. Edt. A. A, Knopf.

Fredrickson, G. M. (1971). The Black Image in the White Mind: the Debate on Afro-American Character and Destinity, 1817-1934. New York. Edt. Harper & Row.

- (2002). Racism: A Short History, Princeton, NJ. Edt. Princeton University Press.

Freeman, D. S. (1954). George Washington: A Biography, vol. 6, Patriot and President. New York. Edt. Charles Scribner's Sons.

Freud, A. (1968). Totem y Tabú. Madrid. Edt. Alianza.

- (Más allá del principio del placer. Madrid. Edt. Amorrortu.
- (1981). Malestar en la cultura. Madrid. Edt. Alianza.

Frey, W. (2015). Diversity Explorations: How New Racial Demographics are Remarking America. Washington, D. C. Edt. Brooking Institution.

Frymer, P. (1999). Uneasy Alliances: Race and Party Competition in America, Princeton, NJ. Edt. Princeton University Press.

Girard, A. (1971). La reussite sociale. Paris. Edt. PUF.

Gobineau, J. A. (1854, 1967). Essai sur l'inégalité des races humaines. Paris. Edt. Pierre Belfond.

Golte, J. (1995). "Nuevos actores y culturas antiguas", en Julio Cotler, ed., Perú, 1964-1994: Economía, sociedad y política. Lima. Edt. IEP.

Hankins, F. H. (1935). La race dans la civilization: une critique de la doctrine nordique. Paris. Edt. Payot.

Hassoun, J. (1977). « Du racisme, de la difference des sexes et du mythe de l'indifferenciation », en Lettres de L'École Freudienne, vol. 20, pp. 29-35.

Hollinger, D.A. (2011). "The Concept of Post-Racial: How its Easy Dismissal Obscures Important Questions", en Daedalus, 140(1), pp. 174–82.

International Labour Office (1959). International Migration, 1945-1957. Génèvre. Edt. ILO.

Jefferson, Th. (1785). Notes on the State of Virginia. Richmond. Edt. J. W. Randold.

Junquera Rubio, C. (1982). "La magia como sistema de agresión", en Ibero-Amerikanisches Archiv, vol. 8.3, pp. 313-325.

- (1985). "La antropología frente a dos realidades histórico sociales: el racismo y la xenofobia", en Cuadernos de Realidades Sociales, vol. 25/26, pp. 49-68.
- (1989). "Antropología y racismo", en Cuadernos de Realidades Sociales, vol. 33/34, pp. 93-109.
- (1995). Indios y supervivencia en el Amazonas. Salamanca. Edt. Amarú.
- (1996). "Reflexiones sobre el color de la piel y el racismo en España e Iberoamérica", en Cuadernos de Realidades Sociales, vols. 47/48, pp. 59-72.
- (1998). "Cultura, economía y exclusión social: los indios chankas frente a la globalización", Sociedad y utopía, vol. 12 pp.307-324.
- (2017a). La evolución de la imagen del indio en la historiografía americanista, desde su descubrimiento en el siglo XV hasta el XX y con énfasis especial en los Estados Unidos y Canadá. Saarbrücken. Edt. Académica Española.
- (2017c). Siberia: descubrimiento, conquista y colonización. Pamplona. Edt. Eunate.

Junquera Rubio, C., y A. Bustos Cortes (1997). "Educación y salud en una comunidad amazónica peruana: el barrio de El Wayku, en Lamas (San Martín), en Salares, vol. I, pp. 7-23

Junquera Rubio, C. et alli (ed). (2004). Ensayos sobre racismo. Guadalajara, MX. Edt. Universidad de Guadalajara.

Kennedy, A. L. (1953). Salisbury 1830-1903: Portrait of a Statesman. London. Edt. John Murray.

Kitto, H. D. F. (1968). Los griegos. Edt. Buenos Aires. Edt. EUDEBA.

King, D. (1995). Separate and Unequal: Black Americans and the US Federal Government. Oxford. Edt. St. John's College.

Knowles, E.D., et alli. (2010). "Racial Prejudice Predicts Opposition to Obama and his Health Care Reform Plan", en Journal of Experimental Social Psychology, vol. 46, pp. 420–423.

Kottat, C. Ph. (1994). Antropología. Una exploración de la diversidad humana. Madrid. Edt. MaGraw-Hill.

Lacan, J. (1972). Escritos I. México. Edt. Siglo XXI.

Lapierre, R. T., y P. R. Farnsworth (1936). Social Psychology. New York and London. Edt. XXX

Leakey, L. (1981). La formación de la Humanidad. Barcelona. Edt. Serbal.

Leví-Strauss, C. (1966). "Introduction à l'œuvre de marcel Mauss », en M. Mauss, Sociologie et anthropologie. Paris. Edt. Gallimard.

- (1972). El pensamiento salvaje. México. Edt. FCE.

- (1977). El totemismo hoy. México. Edt. FCE.

- (1981). Las estructuras elementales de parentesco. Barcelona. Edt. Paidos.

Litwack, L. (1961). North of Slavery. The Negro in the Free States, 1790-1860. Austin, TX. Edt. The Chaicaho University Press.

Mahien, J. (1971). Le grand voyage du dieu-soleil. Paris. Edt. Édition Spéciale.

Maier, P. (2010). Ratification: The People Debate the Constitution, 1787-1788. New York. Edt. Simon & Schuster.

Memmi, A. (1973). L'Homme dominé. Paris. Edt. Memmi, Gallimard.

Millones Santagadea, L. (1975). Tugurio. Lima. Edt. Instituto Nacional de Cultura.

Morris, D. (1978). El zoo humano. Barcelona. Edt. Plaza & Janés

Outten, H.R., et alli. (2012). "Feeling Threatened About the Future: Whites' Emotional Reactions to Anticipated Ethnic Demographic Changes", en Personality and Social Psychology Bulletin, vol. 38(1), pp. 14–25.

Pakenham, Th. (1979). The Boer War. New York. Edt. Random House.

Parker, C.S., y M. A. Barreto (2013). Change They Can't Believe In: The Tea Party and Rectionary Politics in America. Princeton, NJ. Edt. Princeton University Press.

Ponce Monteza, C. R. (1994). Gamarra, formación, estructura y perspectivas. Lima. Edt. Fundación Friedich Ebert.

Pulido, A. (1997). Claves de la economía mundial y española. Madrid. Edt. Pirámide.

Reich, W. (1933). La psychologie de masse du fascisme. Paris. Edt. PBP.

Renou, L., y F. Filliozat (1949). L'Inde classique. Paris. Edt. Payot.

Roheim, G. (1967). Psychanalyse et anthropologie. Paris. Edt. Gallimard.

Rosenbaum, S. (2018). Race, Justice and American Intellectual Traditions. New York. Edt. PalgraveMacmillan.

Ruffie, J. (1976). De la biologie à la culture. Paris. Edt. Nouvelle Bibliotèque scientifique.

Sanford, R. N. (1950). « Genetic Aspects of the Authoritarian Personality: Case Studies of Two Contrasting Individuals", en T. W. Adorno, The Authoritarian Personality. New York. Edt. Harper, pp. 787-816.

Sautier, M. R. (1952). Les races de l'Europe. Paris. Edt. Payot.

Serrano Sánchez, C. (2019). « Mestizaje y características físicas de la población mexicana », en Arqueología Mexicana, vol. 65, pp. 64-67.

Simonet, F. J. (2018). Historia de los mozárabes de España. Cordoba. Edt. Almuzara.

Sutter, J. (1950). L'eugenique : problèmes, méthodes, résultats. Paris. Edt. PUF.

Tesler, M., y D. O. Sears (2010). Obama's Race: The 2008 Election and the Dream of a Post-Racial America. Chicago. Edt. University of Chicago Press.

Tocqueville, A. (1963). De la Democratie en Amerique. Paris. Edt. Gosselin.

Townsend, R. F. (2000). The Aztecs. New York. Edt. Thames and Hudson.

Tryman, M. D. (1986). "Blacks and the Democratic Party", en Blacks Politics Today, vol. 17(6), pp. 28-32.

Tueros, M. (1984). "Qué piensan de política los informales?, en Socialismo y participación, vol. 28, pp. I l-18.

Vacher de Lapouge, G. (1896). Les sélèctions sociales. Paris. Edt. Fontemoing.

Wachtel, N. (1976). Los vencidos, los indios del Perú frente a la conquista española (1530-1570). Madrid. Edt. Alianza.

Waldman, M. (2017). The Fight to Vote. New York. Edt. Simon & Schuster.

West, C. (1982). Prophesy Deliverance: An Afro-American Revolutionary Christianity. Louisville, KY. Edt. Westminster John Knox.

Westbury, S. (1985). "Slaves of Colonial Virginia: Where The Come From", en The William and Mary Quarterly, vol. 42(2), pp. 228-237.

Wilson, W.J. (1999). Bridge over the Racial Divide. Berkeley, CA. Edt. University of California Press

Woltmann, L. (1903). Die Germanen und die Renaissance in Italien. Leipzig. Edt. Wentworth.

- (1907). Die Germanen in Frankreich. Jena. Edt. Diederichs.